XUNQIU
CHENGZHANG
TUPO
NONGCUN ZHONGXIAOXUE
GUGAN JIAOSHI
PEIXUN MOSHI YANJIU

刘远胜　许泽能◎著

寻求成长突破

农村中小学骨干教师培训模式研究

四川出版集团
四川教育出版社
·成　都·

图书在版编目（CIP）数据

寻求成长突破：农村中小学骨干教师培训模式研究/刘远胜，许泽能著. —成都：四川教育出版社，2010.1

ISBN 978-7-5408-5269-6

Ⅰ．①寻… Ⅱ．①刘… ②许… Ⅲ．①农村学校：中小学—师资培养—研究—中国 Ⅳ．①G635.12

中国版本图书馆 CIP 数据核字（2010）第 013836 号

责任编辑　谢志良
封面设计　何一兵
版式设计　张　涛
责任校对　史敏燕
责任印制　黄　萍
出版发行　四川出版集团　四川教育出版社
　　地　　址　成都市槐树街 2 号
　　邮政编码　610031
　　网　　址　www.chuanjiaoshe.com
印　　刷　四川福润印务有限责任公司
版　　次　2010 年 2 月第 1 版
印　　次　2010 年 2 月第 1 次印刷
成品规格　168mm×240mm
印　　张　13　　插页　2
字　　数　199 千
印　　数　1-4000 册
定　　价　25.00 元

如发现印装质量问题，请与本社调换。电话：(028)86259359
营销电话：(028) 86259477　邮购电话：(028)86259694
编辑部电话：(028)86259381

农村骨干教师培训成长的新模式

（代序）

四川省社会科学院　　查有梁

一口气读完《寻求成长突破——农村中小学骨干教师培训模式研究》，真为乐山的农村骨干教师感到庆幸，庆幸他们在专业成长过程中遇到了很好的培训机会、很好的培训教师，特别是成长研修这种很好的培训模式，使他们真正有了成长中难能可贵的大突破。《寻求成长突破——农村中小学骨干教师培训模式研究》一书有以下几大特点：

一、成长研修模式是一种新型的综合性培训模式

我们国家重视基础教育，骨干教师培训已经抓了若干年，有了不少成型的培训模式。针对农村骨干教师的培训，该书做了新的非常有效的尝试。该书比较深入地分析了农村骨干教师的特点和成长规律，分析了多种教师培训的方法和机制，采用集各家所长的综合培训方法，即在教师培训中，既坚持理论引领，更注重实践操作；既邀请名师指导，更强调自主研修；既学习成熟的培训经验，更突出自己经验的建构；既开展短期的集中培训，更坚持长期的校本研修。由此，积极有效地促进了农村骨干教师的专业成长，促进了农村骨干教师突破成长高原期，使他们在新的更高的起点上，提高教学质量，服务农村学生，服务社会主义新农村建设。有学员这样评价他们接受的培训："培训给我们指明了方向，教给我们努力的方法，训练我们成长的技能，鼓励、激发我们进行教育研究的热情。"

二、成长研修模式是以人为本、以农村骨干教师为本的培训模式

组织者没有沿袭"我来培训你"的思路，而是尊重、挖掘、展示每一位学员身上闪光的精神品质，调动学员主动学习的积极性，让学员感受到培训中无穷的乐趣。如在前期培训中，营造生动、有趣的培训氛围，感受培训理念，组建学习团队，充分互动参与。每天都有信息反馈，即每天都有精彩活动回放，把学员当天参与学习活动的情景照片用多媒体的方式展示，这样让学员的自我放大到培训集体中，学员之间相互学习、相互激励，个人的自信心增强，培训效果显现。参加授课的曹宝静老师就感叹："很少见到如此愉快互动的学习场面，学员讲的'我的教学故事'是那么感人！置身这样的学习环境，学员、授课教师，人人都是培训班的教育者和受教育者！"

对农村骨干教师而言，在教学科研中，研究报告、论文和著作不可能成为他们最有效的教育科研成果的呈现形式。农村骨干教师的实践决定了他们的研究是生动的、鲜活的、异常复杂的、动态变化着的实践问题，因此，经验文章、教育随笔、教育评论、教育案例等，就成为农村骨干教师教育科研成果的主要呈现形式。在成长研修模式实施过程中，组织者遵从这一规律，有效开展了学员能很快上手的一系列教学活动。有学员说："我开始习惯写教学随笔、教育反思，并积极参与网上交流了。"

三、成长研修模式是现代网络技术运用充分的培训模式

网络远程研修是传统培训形式的创新和发展，它为农村骨干教师提供了现实的、经济的、有效的专业发展平台，是成长研修的有益补充和完善。网络丰富的资源、开阔的视野、方便快捷的特点，让每一位教师都有交流的平台和展示的机会，为骨干教师成长提供了机遇。在完整的网络远程研修计划中，BBS 论坛的网络研修——组织引领不同地点的农村骨干教师研修活动，方便农村骨干教师的互动交流，伴随学员成长研修各个阶段；博客研修——学习研究、写作交流、展示自我的平台；网络 UC 研修——通过定期活动加强农村骨干教师的信息交流；建立 QQ 组群——可以适时交流。"骨干教师们为了能更好地利用网络学习，有的整天'霸占'着家里的电脑，有的新买了电脑。家里没有电脑的骨干教

师，或者到网吧，或者到朋友家去学习。特别让人感动的是一些住在乡下的教师每周进城一次进网吧学习。"

四、成长研修模式是示范性很强的培训模式

成长研修模式每一项活动的开展，流程、策略、案例说明都非常清晰，便于推广学习。如辅导教师工作有 6 条具体职责，远程培训团队有 5 条具体的操作指南，小学骨干教师远程培训从注册登录到在线考试有 7 条操作指南，每一条都明确、具体，便于落实。每一学科的作业也通过网络布置和交收。骨干教师在深度研修中的作业，是骨干教师应有的六项修炼：1. 名师研究：系统研究一个名师的教学艺术、教学思想。2. 专业阅读：读教育经典、读人文科学。3. 策略研究：开展以寻找有效策略为内容的小问题研究。4. 模式探索：探索多样化教学模式，进一步提炼自己的教学模式。5. 智慧挖掘：撰写叙事文章，挖掘自己的教育智慧。6. 学术推广：形成一个学科专题讲座。这六项修炼还可细化到更具体的操作。

在成长研修培训的背后，有一支热爱农村骨干教师、热爱教育事业的组织工作者。他们是政府部门对农村骨干教师"选、培、管、用"一体化要求的忠实执行者和实践者，是教师继续教育的有心人。他们有智慧、敢创新、办实事、讲实效。成长研修培训凸显出组织者鲜明的教育理念、严谨的教育计划、贯穿始终的组织热情。在各个培训环节的展示中，伴随着 45 个各具特色的、生动的、有一定深度的案例，使成长研修培训具有很强的可信性。成长研修培训在农村中小学骨干教师培训中，一定能够产生很好的社会影响。

我对《寻求成长突破——农村中小学骨干教师培训模式研究》一书的一句话评论是：这是农村中小学骨干教师培训的一本难得的好书，是教师培训模式的一个突破。

写于 2009 年 7 月 22 日
在重庆西南大学观看日全食之后

目　录

引　言

　　农业、农民、农村问题是当代中国经济和社会发展的突出问题，其发展状况将在很大程度上决定中国现代化的发展进程。农村教育既是农村发展的基础性条件、社会主义新农村建设的重要内容，也是农村发展状况的重要表征。

　　农村教育发展直接关系到国家的兴衰和长治久安。发展农村教育，办好农村学校，直接关系到广大农民的切身利益。提高劳动者素质，促进传统农业向现代农业转变，是从根本上解决农业、农村和农民问题的关键所在；是加强农村精神文明建设，提高农民思想道德水平，促进农村经济社会协调发展的一项重大举措。农村教育的成效如何，直接关系到我国教育的整体质量，决定着农村劳动者的素质和农村经济的发展。

　　百年大计，教育为本；教育之本，教师为先。在全面建设和谐社会的今天，全面提高农村教育质量，促进教育的均衡发展，切实保障每个农村儿童享受高质量的公平教育，其基本路径是建设一支高素质的农村教师队伍。

　　农村教师是指工作在县镇以下的中小学教师。根据教育部统计，2005 年，全国城市、县镇、农村普通中小学专任教师分别为 203.14 万人、310.58 万人和 522.67 万人。其中，县镇以下农村中小学教师占到 50.43％。农村中小学教师这样一个庞大的群体是我国教育事业的主力军。

　　加强农村教师队伍建设，是促进我国义务教育均衡发展，实现教育公平的根本大计。《国家教育事业发展"十一五"规划纲要》提出"推进义务教育均衡发展，实施农村教师培训计划"，党的十七大提出"加强教师队伍建设，重点提高农村教师素质"。2007年8月31日，胡锦涛总书记在全国优秀教师代表座谈会上的讲话指出："要特别重视农村教师队伍建设。"国家的一系列方针政策，已经说明了农村教师队伍建设的重要性。

　　农村中小学骨干教师（以下简称农村骨干教师）作为农村教师队伍的中坚和核心，是推进农村基础教育改革和发展的主力军，其数量和质量体现着农村教师队伍的总体水平。因此，农村教师队伍建设的重点应该是农村骨干教师队伍建设。早在1999年，教育部《面向21世纪教育振兴行动计划》中的"跨世纪园丁工程"就规定："重点加强中小学骨干教师队伍建设……通过开展本校教学改革试验、巡回讲学、研讨培训和接受外校教师观摩进修等活动，发挥骨干教师在当地教学改革中的带动和辐射作用。"《中小学教师继续教育规定》（1999年9月13日教育部令第7号发布）把骨干教师的培训作为教师非学历教育的三大内容之一：对有培养前途的中青年教师按教育教学骨干的要求和对现有骨干教师按更高标准进行培训。《教育部关于加快推进全国教师教育网络联盟计划，组织实施新一轮中小学教师全员培训的意见》提出了"实施100万骨干教师培训，形成中小学骨干教师梯队"的要求。

　　农村骨干教师培训是实现农村教师专业发展的重要途径之一，是农村教师队伍建设的重要举措。通过培训提高农村骨干教师的素质和能力，提高其实施素质教育的能力和水平，促进其专业不断成长，从而更好地发挥他们在农村教师队伍中的示范和辐射作用，带动农村教师队伍素质的整体提升，已成为教育界和社会的共识。

　　近年来，各地按照"面向全员，突出骨干，倾斜农村"的原则，在大力加强农村中小学教师培训的同时，突出骨干教师培训。

　　目前，农村骨干教师培训已经形成国家、省、市、县四级培训的格局。在各级农村骨干教师培训中，组织者根据农村骨干教师的需求，广泛借鉴城镇中小学骨干教师的培训模式，形成了多样化的农村骨干教师培训模式，取得了一定的成效。但是，在农村骨干教师培训中存在一个共同的问题，那就是培训的针对性和实效性有待加强，尤其是市、县两级的农村骨干教师培训的专业化程度亟待提升。对于省以下的市级、县级的农村骨干教师培训来说，还有着与国家级、省级的城市骨干教师培训不同的特殊情况，这就是优质培训资源稀缺，培训对象所处专业阶段低，工学矛盾异常突出。一些地区所采取的集中培训与在职研修相结合的培训形式、合作研究与教学相长的培训理念正是考虑到了这一问题而采取的改进措施，但这还仅仅处于摸索和起步阶段，要真正适应时代发展和不同教师成长的实际需要，还需要不断探索和创新培训形式。

　　因此，研究农村骨干教师现状，构建适合农村骨干教师专业成长的培训模式，是深入开展农村骨干教师培训的迫切要求。针对农村骨干教师开展有效的培训模式研究，对培训模式涉及的理念、资源、策略、流程等进行全方位、细节化的操作性研究，无疑在理论与实践上都有现实意义。

　　本书试图从理论研究和实践研究两个维度寻求农村骨干教师专业成长突破的有效培训模式。

我首先要求诸君信任科学，
相信理性，信任自己，
并相信自己。

——黑格尔

第一章　认识农村骨干教师

第一节　相对优秀——农村骨干教师的特征

农村骨干教师队伍建设对于农村教师整体素质提升至关重要，要开展农村骨干教师培训的研究，我们首先要认识骨干教师，了解农村骨干教师的特征。

一、骨干教师的内涵

说起骨干教师，人们并不陌生，但真要探究这一概念的确切内涵并不容易。通过中国知网进行文献检索，我们发现，在教育研究文献中，只有为数不多的学者试图对骨干教师下定义，这里略加摘录，试作分析。

1. 所谓骨干教师，一般是指学历较高、知识功底扎实，并对所教学科有较深的感悟，做出一定的成就，在本学科教师中有较强的影响力的教师。换句话说，骨干教师不仅学历、知识水平高，而且教学能力和科研能力很强，是所教学科教师中的佼佼者。

2. 骨干教师是指具有良好的政治思想、扎实系统的专业基础、较强的教学教研能力、较丰富的教学经验，在学科教学、教改、教研中起指导、带动和示范作用的优秀教师。

3. 骨干教师是指在教师群体中，职业素质较高，教育、教学能力较强，学有专长，教有特色，研有成果，在教育、教学、管理、教研中取得明显成绩，产生良好影响并发挥了骨干示范作用的教师。

4. 一般来说，骨干教师是指那些拥有专门技术、教学业务优秀、科研能力强、对学校会产生深远影响的教师。

5. 骨干教师是指那些科研能力较强，教学效果良好，在师资梯队中承前启后，具有很强敬业精神的中青年教师，年龄在 30～50 岁之间。

6. 骨干教师是指在一定范围的教师群体中，职业素质相对优异，在教育活动中发挥了骨干作用的教师。

7. 在一定的教师群体中，某些在教育教学活动中起着支撑作用，对该项活动有一定主导性、职业素质相对优异的教师可称为骨干教师。

以上解释从不同侧面说明了骨干教师的特征。归纳起来，骨干教师首先应具有优秀教师的素质，骨干教师是具有专业知识、教学与研究能力、专业伦理、专业自主、专业成长的自觉意识的专业人员。骨干教师是一个持续的学习者和研究者，有能力并且不断地对自己的教育行为加以思考、研究、改进。骨干教师还应具有组织与协调能力、服务意识，能积极主动地沟通，在一定范围内带动一批教师共同钻研，并取得一定成绩，从而带动整个群体的专业发展。因此，我们认为，骨干教师是在一定时空范围内被专家和同行认可，敬业精神、教学能力、科研能力和协调沟通能力较强，具有优秀教师的品质，同时能在教育活动中较好地发挥骨干示范作用的教师。

骨干教师作为教师队伍中的重要群体，在我国实际上有三层含义：（1）资格认定与奖励意义上的含义：骨干教师是一种荣誉，是组织对优秀教师的肯定与鼓励。（2）实际工作意义上的含义：是中小学教学、管理、科研的尖子，骨干教师承担着繁重的工作，是学校的顶梁柱、面子、招牌。（3）继续教育与培训意义上的含义：本书研究的重点就是培训意义上的骨干教师。

究根溯源，我国对"骨干教师"概念的理解，更多的是作为继续教育与培训意义上的"骨干教师"。1962 年，教育部开始有重点地办好一批全日制中小学校，要求必须有一批具有较高教学水平的教师来保证和提高重点中学的质量，于是，国家首次在文件中明确提出："各学科各年级都要有骨干教师。"由此，"骨干教师"作为一个正式概念，开始登上我国的历史舞台。

1990 年召开的全国中小学教师继续教育工作会议，将继续教育分为新教师见习期培训、教师职务培训和骨干教师培训三个层次，同时将骨干教师培训作为中小学教师继续教育中的一项主要内容。1993 年 7 月 26日，国家教委印发的《关于加强小学骨干教师培训工作的意见》明确提出了骨干教师选拔的四方面要求，分别是：有良好的师德修养、具有较高的文化素养和较强的自学能力、教育思想正确、有较强的教育科研能力和教学改革意识。这一文件开始将具备良好的师德修养和较高的教育科研能力作为选拔骨干教师的重要条件。

2000 年，教育部要求全面启动国家、省（区、市）、省以下市三级培训，使一大批骨干教师脱颖而出。参加国家级教师培训的中小学骨干教师的选拔除了上述四个方面的要求以外，还明确规定：具备国家规定的合格学历，年龄在 45 周岁以下，教龄 5 年以上，具有中学高级教师和小学高级教师的职务，在一线任教，心理健康，身体状况良好，能用普通话进行交流，英语学科教师要能听懂外籍教师授课并用英语参加讨论。另外，对于曾获市级以上优秀教师称号、在省级以上教育评比活动中取得优异成绩以及在承担面向 21 世纪基础教育课程改革任务的地区或学校任教的中小学教师，会优先考虑。

"十一五"以来，全国各地大力加强骨干教师培训，把骨干教师的选拔与培养相结合，努力实现骨干教师的"选、培、管、用"一体化。许多省市把同层次教师中师德优、教学业绩好、科研能力强，具有较扎实的专业知识与技能、较丰富的教育教学经验、一定的教育技术能力，在教育、教学和教研中起到示范和指导作用的教师选拔为骨干教师培养对象，把培训合格作为认定骨干教师的必要条件。

骨干教师是分层次的，骨干教师培养对象按照省级、市级和县级一定比例进行选拔，具体标准也逐级降低，如许多省级骨干教师要求上过市级以上公开课等，而市级骨干教师只要求上过县级以上公开课。这充分说明，骨干教师是特定教师群体中达到相应层次基本条件、相对优秀的一个群体。

农村骨干教师更是在农村教师群体中相对优秀的一个群体。许多省市农村骨干教师的选拔与普通骨干教师选拔一并进行，只是在选拔上适当倾斜，农村学校教师在学历、职称、论文成果等方面可适当放宽条件，并规定农村骨干教师占普通骨干教师的比例，如四川省选拔省级农村骨干教师不低于普通骨干教师比例的 25%。由于各地情况千差万别，教育发展水平不平衡，除少数经济文化发达地区外，多数省级以下骨干教师在专业阶段上仅属于合格型教师。

二、农村骨干教师的特征

农村骨干教师是指农村教师群体中那些职业素质相对优异，在教育教学活动中发挥了骨干作用的教师。

有研究表明，农村骨干教师在整体素质上呈现出以下几个方面的基本特点：

第一，爱岗敬业。热爱教师职业、珍视教书育人岗位、敬业爱岗的传统美德在农村骨干教师身上表现得特别突出。他们以教书育人为己任，牺牲自我，无私奉献，全身心地投入到教学工作中、投入到对学生培养中。他们在市场经济条件下，顶得住经济利益的诱惑，毅然站稳三尺讲台，贡献着自己的知识和才智。

第二，不断学习。认同学高为师的理念，不断研修，提高学习层次，钻研教学业务。学历层次的提高和经常性地参加业务培训，已成为广大农村骨干教师的共同愿望和追求。

第三，积极进取。农村骨干教师积极开展教学实践和改革实验，不断追求教育教学能力的提高，力争成为较高层次的教育教学骨干，力求得到学生、学校、学生家长和全社会的理解、认同与支持。

第四，教学效能感强。骨干教师最显著的特征是教育效能感强。农村骨干教师的教学效能感与普通教师的教学效能感相比较，骨干教师的教学效能感具有准确性、鲜明性的特征。骨干教师能了解学生的个性，洞察学生的天赋，在复杂的问题上能明察秋毫，能判断学生智商的高低，分析学生的学习爱好，从而调节学生的日常行为，培养学生成为对社会有用的栋梁之材。

以上特点是农村骨干教师个体的优点，这种优点在相当一部分骨干教师身上表现得特别突出，为我们开展农村骨干教师培训提供了良好的基础。

但是我们也应该看到，由于受农村地区环境条件等主客观因素制约，农村骨干教师的素质还存在明显不足之处。

第一，学历普遍偏低。农村骨干教师一部分是中等师范毕业的，且有一部分是由原来的民办教师转为公办教师的，高学历者凤毛麟角，有不少骨干教师的文凭是近年来通过学历补偿教育、边工作边学习获得的，这与在正规普通高校的学习是有差距的。

第二，教育思想观念与理论知识比较缺乏。由于受各方面条件所限，目前农村的许多教室里的设备仍然是黑板、粉笔等传统的简易教学用具，加之农村学校信息不畅，教师获得现代教育思想的机会少等原因，造成许多农村骨干教师仍然是应试教育下的教学观、学生观，教学方法仅限于自己或同事的传统直接经验。

第三，自我发展的能力有欠缺。这表现为部分骨干教师专业基础还不够牢固，读书不多，特别是读专业和教育理论方面的书不多，自我反思的意识不强，看自己的长处较多，发现自己的短处较少，站的高度不够，考虑较多的是学科教学问题，对如何提高自我是迷茫的。

第四，教研能力还需要提高。这表现在教改意识不强，积极参与教改者少，教育科研能力、论文写作能力不强，教育创新精神不够。

农村骨干教师存在的不足正是培训的切入点，培训内容的设计既要注意"扬长"，也要注意"补短"。

三、农村骨干教师的现状

为了进一步认识农村骨干教师，我们对乐山市 230 名农村中小学骨干教师进行了现状调查，对农村骨干教师的专业思想、教育教学能力和实际工作状况、教育教学工作中的困难和棘手问题进行了调查研究与深入分析。

调查表明：

1. 在教师的专业思想方面，有相当一部分农村骨干教师不愿继续工作在农村教学第一线。

问题：您是否愿意长期在农村学校一线工作？	
肯定：29%	否定：71%
原因：喜欢教学，热爱学生，认为教学是我热爱的工作；认为自己在从事一种伟大的事业，能实现自己的人生价值；认为在农村学校一线工作是为了生存等。	原因：苦、累、地位低、收入少；生活无规律、应试教育枷锁太重；农村环境太差等。
现状分析：虽然部分教师希望自己能长期工作在农村教学工作第一线，但有相当一部分农村骨干教师不愿继续工作在农村教学第一线。	

2. 教师的教育教学认识和实际工作状况存在着非常大的矛盾。

问题：您认为教育教学任务中，下列任务的重要程度从大到小依次是……	
在教育理想中，多数教师排序是：1. 教学生学会做人；2. 教给学生学习方法；3. 引导学生对学科产生浓厚的学习兴趣；4. 让学生取得好的成绩。	在实际教育教学工作中，多数教师排序是：1. 让学生取得好的成绩；2. 教给学生学习方法；3. 引导学生对学科产生浓厚的学习兴趣；4. 教学生学会做人。
现状分析：从调查中可以看出，绝大多数农村骨干教师在认识上把教学生学会做人和教给学生学习方法放在了最重要的位置，把让学生取得好的成绩放在了最次要的位置，可见农村骨干教师对教育教学的认识还是比较科学合理的，是与新课程改革的思想相一致的。但是在实际工作中，我们发现广大农村骨干教师对教育教学任务的重要程度，在认识和实践上有着非常大的矛盾，甚至正好相反。这种理论认识和具体做法的相互矛盾，应该是对应试教育的最好的诠释，也是广大农村骨干教师感到巨大压力的根源。	

问题：您认为目前师生关系的类型应该是……	
在教育理想中，教师选择比例：1. 选择指导与帮助关系的占 44.0%；2. 选择新型合作关系的占 39.0%；3. 选择权威式关系的占 15.6%；4. 选择放任式关系的占 1.4%。	在实际教育教学工作中，教师做法的比例：1. 选择权威式关系的占 63.58%；2. 选择指导与帮助关系的占 22.65%；3. 选择新型合作关系的占 12.37%；4. 选择放任式关系的占 1.40%。

问题：您认为目前师生关系的类型应该是……

现状分析：调查结果表明，在教育理想中，选择新型合作关系和指导与帮助关系的教师占了总数的83％，说明农村骨干教师对师生关系的认识也是比较合理的。不过在实际教育教学工作中教师的做法与认识有很大差异，究其原因，仍然是应试教育在作怪。

经过访谈交流，大多数教师表示，虽然他们知道教学改革的主导思想是培养学生的主动性和创新精神，但在实际教学中他们还是要着重培养学生的应考能力、死记硬背能力。因为学生的考试成绩事关教师的命运和脸面，如果学生平均成绩排在最后，教师就会被淘汰，所以每位教师都在暗下工夫，不择手段地狠抓学生的成绩提高，这给教师和学生都造成很大的压力，带来超负荷的工作量。这些骨干教师都是经过多次教育思想和新课程改革培训的，他们虽然明白这些做法和教育规律相违背，但为了生存也只能不得已而为之。所以，他们觉得很矛盾、很困惑。

3. 农村骨干教师的课堂教学能力相对而言是强项，而创新能力、科研能力、挖掘课程资源的能力相对来说是弱项。

问题：对以下问题的认识……

关于教学研究的基本步骤和方法，您是否了解？仅有33.21％的人非常了解。
您能熟练运用多媒体或经常自制教具进行教学吗？仅有38.22％的人选择"能"。
您充分利用现有资源，并注意开发有助于教学的相关资源吗？仅有48.74％的人选择"能"。

现状分析：以上结果均表明，农村骨干教师在科研能力、现代化的教学手段利用能力和挖掘课程资源的能力方面还是很弱的，与新课程改革的要求还相距甚远。这种现状一方面与农村学校教学设备严重不足、学校层面可以提供给教师的科研指导很少有密切的关系，另一方面与以往教师评价机制太片面有关。

4. 农村骨干教师教育教学工作中的制约因素主要在于国家的教育政策。

问题：请对阻碍您工作积极性发挥的因素从大到小进行排序……

多数教师的排序为：1. 国家教育政策；2. 校长工作作风；3. 工资水平；4. 学校风气；5. 社会尊师状况；6. 同事间的人际关系。

现状分析：调查显示，阻碍教师工作积极性最大的因素为国家的教育政策，另外，校长的工作作风、教师的工资水平、学校风气也是影响教师工作积极性的重要的因素。

5. 农村骨干教师对农村教育的发展充满了希望和期待。

问题：您对我国农村教育前景的看法……
排序为：
1. 选择"充满了希望"的占 52.32％；2. 选择"希望与绝望交织在一起"的占 42.86％；3. 选择"无所谓"的占 2.68％；4. 选择"彻底绝望"的占 2.14％。
现状分析：调查结果显示，尽管农村骨干教师的工作压力很大、生活上还有困难，尽管一些农村骨干教师对农村教育现状不满，但他们仍然没有放弃农村教育，他们仍然对农村教育充满了希望和期待，这也正是农村教育的希望所在。

问题：您对农村教育最大的期望是……
多数教师最大的期望是：
1. 减轻工作量、提高待遇；2. 城乡平等、改善办学条件；3. 适龄儿童不辍学；4. 不向教师乱摊派；5. 避免出现拖欠教师工资；6. 希望党和政府关心农村教育；7. 培养出农村需要的人才；8. 使农村的孩子也有机会成为音乐家、美术家、歌唱家（因为农村学校的音、体、美等课一直不被重视，很多学校根本没有开这几门课）；9. 别一味地给教师教学成绩排队，减轻教师的思想压力；10. 实施素质教育。
现状分析：通过对农村教育的期盼调查发现，虽然广大农村骨干教师对目前的工作和生活现状不满意，但仍然对农村教育的前景充满了希望，仍然对我国政府的农村教育政策充满了信心。

总之，从农村骨干教师这个群体来看，他们的年龄结构、学历合格率还是比较合理的，是支持农村教育的中坚力量。"收入低"、"太累、力不从心、生活无规律、应试教育枷锁太重"、"教育思想的理论认识和具体做法相互矛盾"是他们的现实状况。"教育理想和教育现实相差太远"、"收入与付出不相匹配"是他们的感慨。"改变教育评价机制，注重学生的全面发展"、"真正实施素质教育、期待教师和学生的负担能够得到减轻"、"希望党和政府关心农村教育、关心农村教师"是他们的期盼。农村骨干教师的现实状况是培训工作必须考虑的背景因素。

【案例 1－1】

某市中小学市级骨干教师选拔培养办法

为进一步加大我市中小学骨干教师的选拔和培养力度，努力建设一支符合时代要求、能充分发挥示范和辐射作用的骨干教师队伍，推动我市中小学教师队伍建设，特制定本办法。

一、参评范围

本市范围内普通中小学校（含幼儿园、特殊教育学校、民办中小学），具备相应任教层次教师资格、中级及以上职务并任教 5 年以上的教师，符合中小学市级骨干教师评选标准，均可申请参加本次市级骨干教师评选。市级骨干教师分高中骨干教师、初中骨干教师、小学骨干教师、幼儿园骨干教师四种类型。

二、选拔条件

（一）坚持正确的政治方向，认真贯彻党的教育方针，依法执教，热爱教育事业，具有高尚的思想品德和职业道德。

（二）小学和幼儿园教师具有专科及以上学历、中学教师具有本科及以上学历，年龄在 45 周岁以下，教龄 5 年以上，具有小学高级或中学一级以上职务（个别优秀的年轻教师可放宽到小学一级和中学二级职务），在一线任教、心理健康、身体状况良好。

（三）在同层次教师中教学业绩优秀，在县级以上范围内上过公开课、观摩课、示范课、辅导课或作过专题讲座等，在市（州）级以上刊物上有论文发表。

（四）信息技术检测取得中级及以上合格证书（农村学校教师取得初级合格证书），普通话水平测试取得二级乙等及以上等级证书（小学、幼儿园教师应达到二级甲等）。

（五）具有较扎实的专业知识与技能、较丰富的教育教学经验、一定的教育技术能力，在教育教学和教研中起到示范和指导作用，积极承担培养、指导青年教师工作，在培养提高青年教师的政治思想与职业道德、专业知识与学术水平、教育教学能力方面成绩突出。

（六）校级领导除具备上述条件外，须兼任一门与专业技术职务一致的课程的教学工作。

（七）农村学校（乡及乡以下学校，下同）教师在学历、职称、论文成果等方面可适当放宽条件。

（八）具备上述条件，曾获县（市、区）级以上优秀教师称号，在市级以上教育教学评比活动中取得优异成绩的中小学教师优先。

三、遴选原则

（一）保证质量、兼顾平衡原则

为保证市级骨干教师认定质量，认定不按学校教师数比例分配，打破校际界限，打破学科界限，适当兼顾平衡，对农村学校教师在同等条件下优先。

（二）公正、公平原则

认定工作要求公正、公平、公开，坚持做到条件公开、程序透明、结果公示、群众公认。

四、遴选办法

各县（市、区）教育行政部门要成立市级骨干教师初审小组，根据市教育局下达的市级骨干教师名额，组织开展遴选工作，严格按照认定办法，全面鉴定教师师德及工作情况。各地确定的市级骨干教师推荐人选，经公示后，将推荐材料报市教育局审定。

五、培训组织与管理

（一）培训目标要求

通过培训，使培训对象在思想政治与职业道德、专业知识与学术水平、教育教学能力与教育科研能力等方面的综合素质有明显提高；为培训对象成为高素质、高水平，具有终身学习能力和教育创新能力，在教育教学实践中发挥示范作用的学科带头人和教育教学专家创造条件；使他们形成学科教育教学风格和特色，在教育教学工作中发挥示范、指导作用。

（二）培训内容安排

1. 思想政治与师德教育：邓小平理论和"三个代表"重要思想及科学发展观、教师职业道德、教育理想、优秀教师爱岗敬业事迹学习等。

2. 教育理论与教学技能：着眼于提高中小学骨干教师的理论素养，帮助他们开阔视野，更新知识结构，提高职业成熟度，增强学术能力和自我提高能力。

3. 教育教学实践：着眼于提高中小学骨干教师的实践能力，为形成教学风格和教学特色打好基础。

4. 教育技术能力培训：教育技术意识与态度、知识与技能、应用与创新、社会责任等四大板块的内容等。

5. 教育教学改革研究：教育科研的基本理论与方法、教育与教学改革的实践研究、教师专业发展的行动研究、教育科研的成果表达技能与方式等。

（三）培训形式选择

1. 集中培训与分散研修相结合。市级骨干教师培训，应做到理论与实践、阶段性培训与持续提高相结合，采用集中学习与分散研修相结合的方式，以分散研修为主。集中学习采取专题、系列讲座，或组织研讨、论文答辩、教育实地考察等形式；分散研修采取导师指导下的个人自修、专题研究和在本地示范性的中小学校进行教学实践等方式，强调培训对象的自主学习、自主研究和自主实践。

2. 机构培训与互助研修。学科内容设置方面，要基于职业道德素质、素质教育的能力、教改科研能力、专业自主发展能力和终身学习潜能的提高；培训的形式设计要基于为市级骨干教师持续性成长奠定基础，要有利于今后自主研修的延续、校本研修的开展、远程网络学习的实施、示范辐射功能的发挥和终身学习的坚持。在培训中，市级培训机构要大力开展以互动、互助、互补、互惠为特征的互助性群体研修活动。

3. 加强跟踪服务。集中培训结束后，培训基地应对培训对象开展跟踪服务，跟踪服务包括专业指导、提供信息、咨询服务。各县（市、区）教育行政部门、教研部门和学校要结合培养对象安排公开课、示范课、教育教学课题研究等任务，促使其在工作中尽快成才。

（四）培训时间安排

市级骨干教师培训两年为一个周期，分两批进行安排。2007 年至 2008 年安排第一批培训，大约 2000 人；2009 年至 2010 年安排第二批培训，大约 2000 人。培训时间为 160 学时，其中每年集中培训时间不少于 50 学时。

培训结束后，综合考核合格者，市级培训机构颁发由市教育局统一印制的市级骨干教师培训合格证书。

六、中小学市级骨干教师的管理

（一）切实加强领导

培养和评选中小学市级骨干教师是按照《关于实施四川省中小学教师素质能力建设"三大计划"的通知》的要求，是实施"科教兴市"战略的重大举措，对深化教育改革、加快教育发展具有重大的意义。各县（市、区）教育行政部门和中小学校、教师培训机构必须高度重视此项工作，认真做好中小学市级骨干教师评选推荐工作，全面抓好中小学市级骨干教师的评选、培养、考核和奖励，充分发挥市级骨干教师的示范和辐射作用。

（二）加强管理

中小学市级骨干教师要建立专门档案，实行动态管理和考核制度，考核由县（市、区）教育（文教）局负责，教师培训、教研等部门协助，每三年进行一次考核，考核结果报市教育局，有严重问题的取消市级骨干教师资格，由市教育局给予通报。省级、国家级骨干教师从市级骨干中推荐产生。

被认定的市级骨干教师三年内未能达到下列要求之二者，将取消其市级骨干教师称号。

1. 在教育教学工作中，切实发挥示范和辐射作用，学科骨干作用发挥突出。

2. 上一课县（市、区）级及以上教研部门组织的体现新课程要求的公开课。

3. 撰写一篇在县（市、区）及以上获奖的有一定理论价值或对实际教学有一定指导意义的教学论文。

4. 参加一次市或县（市、区）教研或师训部门组织的骨干教师送教下乡讲学活动。

5. 帮助培养1～2名县（市、区）级骨干教师。

6. 与1～2名农村教师结对子，提高其教育教学水平。

（三）落实骨干教师待遇

有条件的地方要建立骨干教师奖励基金，对业绩突出的骨干教师可适当给予物质奖励。市、县两级要设立骨干教师培养专项经费，用于开展培养活动，在教研教改课题的安排、外出学习考察以及评先、评优、评职、评特等方面给予倾斜，为骨干教师的成长创造条件。

第二节　高原平台——农村骨干教师需要突破的关键期

　　骨干教师在一定时期、一定范围的教师群体中以有才干和教育效果良好而著称，得到同行的广泛认可。他们在学校里有较大凝聚力，在教育教学实践中起着重要的领衔、示范、激励、凝聚和辐射等支配作用，引领着教改新潮流。骨干教师是岗位锻炼、培养与自我主动发展的结果。教师专业发展的过程是复杂的，因人而异。在教师的漫漫人生征途中，每个人都有自己的生长季节，但是教师成长的人生轨迹有一定的规律性，特别是教师的专业成长表现出一定的周期性，存在成长高原平台期和突破期。深入研究教师专业发展的规律，探讨教师成长过程中的各种问题，对探索富有成效的农村骨干教师培训具有十分重要的理论指导和实践价值。

一、教师成长的复杂性与规律性

　　"教师成长"内涵固然很丰富，可能有不同的理解，但我们认为其实质是教师作为"教育专门人才"的专业化发展过程。它既包括教师自身的专业化发展过程，也包括促进教师专业化发展的过程，即教师教育过程。虽然骨干教师的成长过程极其复杂，但符合一般教师成长的阶段性规律，同时也具有其特殊性，特别是在作为新教师的入职适应阶段和已胜任教学成为优秀教师或骨干教师的成熟阶段。

　　首先，教师专业发展的过程相当复杂。将教师成长放在复杂科学理论的坐标系上来考察，我们会发现，一个教师从走出师范院校的大门到成为一名成熟的专家型、学者型教师，要经过一个漫长的过程。这一成长过程是其专业精神形成并发挥作用的过程，是其教育教学素质不断提高和更新结构的过程，是一个不断学习、不断实践、不断创新的过程，是一个不断利用外部资源和条件进行优势积累的过程，更是一个不断实施自我监控、自我调节和自我超越的过程。虽然每个教师的生命长度大致相当，但是在成长历程中每个阶段的生命宽度是不一样的。教师专业成长过程的实质就是职业个性不断成熟、自主发展的复杂过程。当然，这一过程不是一个简单的、按年龄递进的、直线上升的过程，而是有诸多复杂的内外制约要素共同影响的阶段性上升过程。

其次，教师的专业发展过程呈现出规律性。这种规律性一方面表现为符合人才学研究的成果——成才过程的周期性规律，即在选定成才目标的前提下，立志成才的教师必须进行有效的教育教学知识积累和教育才能锻炼，逐步接近成才目标。"周期"固然是自然科学概念，但复杂科学理论也强调周期性是事物复杂性的一般特征，这里指教师成长所需要的时间。作为特殊的专业人员，一个教师的成长周期比其他任何人才的成长周期都要长。根据研究，一名新教师走上工作岗位，到成为一个称职并符合现代教育要求的合格教师所需的时间大约为十年，一名合格教师成长为优秀教师或骨干教师所需时间大约为十年，而从一个优秀教师到职业个性成熟并且独树一帜，形成风格，成长为名师、教育专家所花费的时间大致又是十年。这是量变引起质变规律在骨干教师成长过程中的体现。另一方面，规律性突出表现为教师专业发展的阶段性规律。任何一个名师都是从普通教师一步一步成长起来的，只是在教师专业成长的各阶段表现出发展的不均衡性和独特的个性色彩。

二、教师成长的阶段性

教师成长的阶段性不仅体现在知识、能力、人格特质上，更体现在不断追求自身专业发展水平的超越创新意识和自主创造的品质上。教师的专业成长是伴随其职业生涯的个体社会化过程。在与教育环境的互动过程中，他们不断调整自己的思想观念、价值取向，丰富专业知识技能，满足自身各个不同时期不同层次的需要，从而表现出与特定发展阶段相适应的教师角色行为。参照教师职业生命周期理论的研究，综合教师成长历程中的各方面因素和总体专业水平的发展状况，我们认为教师的成长可以划分为五个阶段。

（一）入职适应期

入职适应阶段是每一个教师成长所不可跨越的。这一阶段教师要实现两个转变：一是由师范生向教师的角色转变；二是将自己的教学知识向教学能力转变。俗话说，好的开头等于成功的一半。有了好的起点，就有了发展的好势头；有了好势头，就有了勇气和自信。万事开头难，只有跨过了这一步，才会顺利地发展。

　　一个新教师真正完全适应教师岗位，成为一个称职合格的教师，这一过程一般需要5～10年的时间。适应能力强的教师需要的时间会短些，可能只需要3～5年。在这一阶段，他们为了适应教育教学工作需要，根据教育实践的要求、自己的兴趣和确立的目标等，努力调整自己的知识结构，尝试将所学的知识与教育实践相结合，并逐渐掌握教育教学规律，形成技能，增强教育教学能力，为日后的专业发展打下坚实的基础。在这个阶段，鼓励新教师模仿学习先进教师的教育教学和管理的技巧，给予他们听课观摩、备课研讨、思考反馈的时间和空间保证，对于他们尽快缩短适应期，成为基本胜任教育教学工作需要的适应型教师是至关重要的。

　　（二）成熟胜任期

　　对应教师成长的成熟胜任期的典型年龄段为25～35岁。这一时期的教师，通过不断学习，进一步了解和学习学校组织的纪律和规范，完全适应了教师工作，完全融入了学校组织，也有了良好的人际环境，已经熟练掌握教育教学技术，具有较强的工作能力，在学校也已经站稳了脚跟，在学生心目中也树立起了一定威信。他们关注的问题主要是学生的学习成绩，关心的是如何教好每一节课，关心班级的大小，关心课堂教学时间是否充足、备课材料是否充分，以及如何利用有效的教学方式引起学生的兴趣和积极性等等。

　　在这一阶段，教师职业成就意识的自我培养非常重要。傅道春教授曾根据马斯洛的需要层次论将这一阶段划分为教师需要的发展期。不同的教师具有不同的成长点，这一时期的教师大多希望继续进修、深造，以获得知识水平、学历层次的提高；加强自我教育，为迅速有效地成长打下扎实的思想业务基础，力争脱颖而出。这一过程一般也需要5～10年的时间。当然，有的教师可能一辈子都走不出发展期而徘徊不前。究其深层次的原因，主要是教师的教育信念、职业理想和成就事业的执著程度有所差异。

　　（三）高原平台期

　　"高原现象"本是教育心理学中的一个概念，指的是在学习或技能的形成过程中，练习的中后期往往出现进步的暂时停顿甚至下降的现象。

在练习曲线上表现为保持一定的水平而不上升，甚至有所下降，但在高原现象之后，又可以看到曲线的继续上升。这种高原现象的例子在现实生活中不胜枚举。实验与研究发现，教师在专业成长过程中也存在着高原现象。处在高原期中的教师，专业发展停滞不前，好像很难再上一个新的台阶，缺乏前进的动力，影响教师专业的成长。

一个教师，当其到达一个成长台阶时，往往会因为自己的成长而感到兴奋，也会因工作不熟悉、具有挑战性而努力学习。但当他掌握了自己所能认识到的工作技能时，如不探索新领域、新模式，就会停滞不前。在教师成长历程中，这种停滞不前的现象可以称为平台现象。这一阶段为教师成长的高原平台期，是所有教师在成长过程中都有可能出现的，有学者称为不成长期或重新评价期、职业危险期。

教师专业发展的高原平台期通常需要 8～10 年才能完成，对应的教师年龄为 35～45 岁。作为资深老教师，这时的教师具备了一定的专业知识和专业技能，能够在学校的教学、管理和科研方面独当一面，一般都是学校的骨干教师。他们会因自身的经验及资历而自以为是，也会因职称到顶而不思进取；会因自己对岗位工作的熟悉，在"小环境"中的成就而骄傲自满，也会由于满足于已有的成就或地位，产生职业懈怠的心理，从而失去进一步发展的动力。这些不良心理对教师的专业发展无疑会产生阻碍作用。从一定意义上讲，大部分教师之所以不能成长为名优教师，可能就是因为其毕生都无法突破这一发展的高原平台。

（四）成功创造期

成长、成熟的终极意义在于成功。一个能突破其教育人生从而获得成功的名师，一般任职已满 20～30 年，年龄在 40～55 岁之间。这一时期的教师工作处于最佳状态，即处于成功创造期。此阶段教师的特征是有创新精神和创新能力，教学风格与模式个性化，开始总结、提炼自己的教育教学观点和理论，教学科研成果丰富且有分量，在校内外已产生了较大影响，实施自己的个性化教学。他们的心理需要主要是成就需要，希望发挥潜能，形成特色，成为同辈中的佼佼者，孜孜不倦，乐此不疲。领导和主管部门应大胆使用，满足其成就需要。

江苏名师李庚南，在总结自己成功的经验时，坚持认为是因为自己实现了从教生涯中的三种境界——"将教师当做职业、当做事业、当做艺术"的自我提升、自我追求、自我超越。从名师身上我们感悟到：教师成长之路，平凡而又充满奋斗。名师"成名"是其毕生追求成功教师人生的必然。事实上，处于这一阶段的学者型名师不仅实现了教育理论与教育实践的融合，而且反过来推动了教育理论与教育实践的发展，他们的讲学、示范课或教学经验、教育成果等，会产生很大的社会效益，会使教育科研转化为生产力，从而决定了这一阶段的学者型名师已真正成为教育改革与发展的排头兵和领头雁。遗憾的是，很多教师终身都没能达到这个成功人生的阶段。

（五）退职回归期

这一阶段对应职业生涯理论中的职业生涯后期。这主要指教龄在30～40年之间的教师，大约从55岁直至退休。这一阶段的教师进入体力衰退初期，虽然教育教学经验丰富，但身体机能在不断下降，甚至力不从心。继续保持已有的职业成就，维护尊严，准备引退，是这一阶段教师的主要心态。

三、农村骨干教师成长需要突破高原期

在农村教师专业成长的过程中，因为外部环境的影响或者自身因素的影响，很多农村教师的专业发展只走过了入职适应期，成为一个基本合格的教师，只有少数责任心强、不断钻研的教师，才能走入成熟胜任期，逐渐成长为农村教师中的优秀者，成长为骨干教师。

这些农村骨干教师是本校、本地教育教学骨干力量，教育教学技能技巧比较熟练，拥有了丰富的教育教学经验，掌握了他们所能认识到的教育教学技能。此时，有的骨干教师满足于已有经验及资历而自以为是，不再主动进取，发展缓慢；有的骨干教师会因自己对岗位工作的熟悉，在"小环境"中的成就或地位，职称到顶而不思进取，产生职业懈怠的心理；有的骨干教师由于周围群体影响产生职业倦怠，对工作已经没有多少热情，不思进取，停滞不前；有的骨干教师缺乏成长信息，找不到成长的高度，从而失去进一步发展的动力。实际上，这些骨干教师已经进入成长高原期，专业在此时徘徊不前，不少骨干教师终其一生就在此阶段徘徊。从一定意义上讲，大部分农村骨干教师之所以不能成长为名优教师，可能就是因为其毕生都无法突破这一发展的高原平台。当然，

有相当一部分骨干教师渴望成长、渴望深度研修，以突破高原期，找到新的发展平台。教师培训机构的任务就是创造条件促成他们的发展。

因此，激励和引导农村骨干教师突破成长高原期，走向成功创造期，帮助他们逐步成长为专于教学、精于研究、善于育人，有理论、有成果、有独特风格的名优教师是农村骨干教师培训的主要任务。

正确的道路是这样：
吸取你的前辈所做的一切，
然后再往前走。
——列夫·托尔斯泰

第二章　我国农村骨干教师培训模式分析

第一节　我国骨干教师培训现状

1999～2003 年，教育部启动实施"中小学教师继续教育工程"，全国选培了 10 万名中小学及职业学校骨干教师（其中 1 万名由教育部组织重点培训），形成了国家、省、市骨干教师培训网络。2004 年以来，随着教育部《2003～2007 年教育振兴行动计划》的出台，各级教育行政部门也先后组织实施了国家级、省级和省以下市级、县级骨干教师培训工作，全国培训了 100 万名骨干教师，形成了中小学骨干教师梯队，各地也在培训实践中取得了有效经验。

各地按照"面向全员，突出骨干，倾斜农村"的原则，在突出中小学骨干教师培训的同时，也加大了农村骨干教师培训。北京市自 2004 年开始启动实施"绿色耕耘——京郊骨干教师培训与发展行动计划"，每年投入经费 5000 万元以上，4 年间免费培训了 2 万余名农村义务教育教师。

浙江省 2005～2007 年连续三年每年安排专项资金 2000 万元，完成了 1000 名省级农村骨干教师和 1 万名市级骨干教师的培训工作。湖北省从 2005 年起实施"农村教师素质提高工程"，省财政每年安排 2000 万元专款，组织 2 万名农村乡镇中小学教师、校长到武汉高校免费集中培训，计划 5 年培训 10 万人。山东省 2008 年启动实施"农村中小学教师素质提高工程"，省财政拨出专项资金 1000 万元，采用集中培训与分散研修相结合的方式，用 5 年时间培训 5000 名农村初中和小学骨干教师。贵州省实施"农村教师素质提升工程"，2008～2012 年每年划拨 250 万元，对全省 50 个国家贫困开发工作重点县的农村骨干教师进行培训，为农村学校构建校本研修团队。海南省于 2004 年启动实施了"255 工程"，由省财政拨付经费，每年从全省选派优秀校长和骨干教师各 50 名，赴国家培训基地、高等院校或教育先进省市的名校跟班培训学习。安徽省通过全员练兵、全员竞赛，选拔出以农村教师为主体的 5 万名县级教学能手、5000 名市级教坛新星、500 名省级教坛新星和 50 名省级教育名师作为培养对象。新疆启动实施了"中小学中青年骨干教师培训工程"，由自治区财政每年拨付专项资金 216 万元，对 4600 余名中小学中青年骨干教师进行培训，对受训教师开展了不少于 45 天的短期集中培训。上海、云南、广西、四川、陕西等省份均拨出专款，实施了"农村中小学骨干教师专项培训计划"，大规模培训农村中小学骨干教师。

目前，农村骨干教师培训已经形成国家、省、市、县四级培训网络和培训管理体系。在各级农村骨干教师培训中，组织者根据农村骨干教师的需求，广泛借鉴城镇中小学骨干教师的培训模式，形成了多样化的农村骨干教师培训模式，取得了宝贵的经验。具体来说，农村中小学骨干教师培训工作取得的成就主要体现在以下几方面：

一、培训目标明确

农村骨干教师培训目标是一个具有多重性和多层次的目标体系。一般来说，通过培训应达到以下几个方面的目标：第一，改变心智模式，提升专业精神；第二，更新教育观念，扩展专业知识；第三，训练教学技能，改进教学实践；第四，研究教育教学，提升科研能力。骨干教师培训目标的多层次体系，构成了骨干教师培训工作的多层次性，并依此形成了多层次的培训课程体系。

构建农村骨干教师的课程体系，应以农村骨干教师的需求分析为基础，以促进农村骨干教师专业成长为核心，要体现社会需求与农村骨干教师需求的统一、农村骨干教师原有发展水平与新的发展水平的统一，进而形成高质量、多样化、开放化、弹性化的课程体系，这样才能确保培训的高质量。目前，在多层次的农村骨干教师培训中，已经形成了多样化的农村骨干教师培训课程体系，已经基本能满足农村骨干教师培训的需求。

二、培训方法多样

在骨干教师培训中，逐渐改变了过去教学方式比较单一，偏重教育理论知识，强调知识的系统性、基础性，忽视经验学习和实践学习，多采用讲授式的理论灌输和学院式的教学方式，学员被动接受，针对性差，理论与实践不容易链接的状况。骨干教师的培训模式不断创新，培训方法、手段趋于多样化，培训内容也更加突出了时代特点，逐渐形成了更能满足农村骨干教师需求的现代培训体系和培训模式。

农村骨干教师培训模式更加强调受训者自我指导与主体学习，是由学科本位向素质本位、能力转化的模式，是培训与科研一体化的模式。各地在培训研究中形成了课程研修模式、专题培训模式、分散研修模式、网络研修模式等等。这些模式在骨干教师培训实践中被证明是有效的，它很好地满足了农村骨干教师的专业发展。

三、培训网络形成

1999 年以来，教育部出台了加强骨干教师培训工作的一系列重要政策，各地积极落实骨干教师成长计划，初步形成了从国家到省、市、县的农村骨干教师培训网络。

第二节　国内农村骨干教师培训模式的比较分析

所谓"模式"，英语表达为 model，其原意为尺度标准，含有方式、方法、体裁、模型的意思。《现代汉语词典》解释为某种事物的标准形式或使人可以照着做的标准样式。在教育研究领域中，模式是指对教育研究对象的概括和简明表述，力求突出所研究的教育对象的基本的特征，以便获得对研究对象的本质的认识。在现代科学研究方法中，模式研究已经成为人们认识和分析客观事物的一种重要的研究方法。在自然科学中，这种研究方法称为模型研究法。在社会科学中，这种研究方法称为模式研究法。

对农村骨干教师培训模式的研究，重点要把握培训模式的精髓。首先，它属于理论模式而不是实体模式，它要求我们侧重于把握事物及其要素之间的关系。其次，它是整体动态发展的模式，在实际工作中要把握组织者、指导者、被指导者、教材、培训手段、培训环境诸要素的关系。第三，它是一个功能模式，它应通过各种角度来说明培训内部结构对外显示的功能意义，并且着重围绕功能目标来说明其是如何制衡培训因素及其结构的。因此，我们认为农村骨干教师培训模式，就是在一定教育思想指导下，对农村骨干教师培训过程的结构、程序和培训活动的方式方法、手段等各种因素进行优化组合、最佳设计后而形成的相对稳定的系统化、简约化的范式。它以提高农村骨干教师专业水平为目标，属于教师继续教育的工作范畴。

目前，国内各地在长期的农村骨干教师培训实践中形成了很多有特色的农村骨干教师培训模式。

按照培训层次，可以分为国家级农村骨干教师培训模式、省级农村骨干教师培训模式、市级农村骨干教师培训模式、县级农村骨干教师培训模式。

按照培训场景不同，可以分为集中培训模式、基地培训模式、在岗研修模式、网络培训模式等。

按照培训过程环节，可以分为"问题采集—问题研讨—听课评议—撰写论文"培训模式、"集中讲授—观摩考察—听课评议—交流研讨—撰写论文"培训模式、"诊断—指导—矫正—达成"培训模式、"教—研—训一体化"培训模式等。

按照培训运用的手段，可以分为研讨式培训模式、传统讲授式培训模式和网络远程培训模式。

按照培训中的师生关系，可以分为导师制培训模式、学导结合式培训模式、岗位在职自修模式和同伴互助式培训模式。

事实上，在农村骨干教师培训中，单一的培训模式是很少见的，在实际运用中更多的是多种培训模式的综合。下面就我国农村骨干教师培训中常用的一些培训模式进行比较分析。

一、专题培训模式

这种模式紧紧围绕某一主题，把理论学习、学术研究、课堂实践等有机结合起来，提高骨干教师的综合能力。这种培训模式要求：首先，邀请有关方面的专家、学者、权威根据统一的培训内容，在广泛收集近年来与该专题有关的最新研究成果的基础上，组织系列专题讲座，以更新骨干教师的教育观念，拓宽教育视野，丰富教育信息，活跃学术氛围。其次，在专题讲座的基础上利用自修时间收集相关的文章并分类摘抄整理，写出研究综述。这样，骨干教师一方面可以加深对理论辅导内容的理解，另一方面可以掌握文献研究的方法。第三，在对文献研究中选择具有一定学术价值的问题进行专题研讨。研讨时，可采取问答式或争辩式等方法，营造和谐的学术氛围。最后，在理论学习和学术研讨的基础上，要求将学到的有关理论运用到课堂教学实践中去。具体做法是：开展说课活动。要求自选教材，从教材分析、目标编制、教法选择、课程设计、特色说明等方面阐述自己的教学思路并写出说课稿，在此基础上进行交流评议，同时组织有关专家、教师讲评指点。通过讲评，一方面可以巩固所学的理论知识，另一方面可以提高运用理论知识解决教学实际问题的能力。

专题培训模式作为一种常用的培训模式，有其明显的优点。首先，该模式比较经济，适合于大规模的农村骨干教师培训活动，以教师课堂授课为主，学员自学研究、实践为辅，所需的资金较少。其次，该模式针对性较强，可以针对农村骨干教师的需求设置专题，实现问题的各个击破。但是，在使用这种模式过程中，许多培训者习惯于满堂灌的讲授注入，往往忽视培训的反馈，教学人员处于"全能"地位，容易挫伤参训农村骨干教师的积极性。

为了使本模式更好地适应农村骨干教师培训，应注意以下两个方面：

1. 要转变培训者观念，提高培训者水平。培训者的角色，应由知识的传授者转换为培训的服务者，培训者要有主动服务于农村骨干教师专业成长的服务意识，应从农村骨干教师的需求出发，考虑到所讲知识的实用性和操作性，使理论学习不再是一种枯燥的、乏味的活动。据此，一方面要加强培训者自身的培训；另一方面要精选培训者，从不同层次、不同领域遴选讲课教员，组成一支业务水平高、专业交叉且对教学实践较熟悉的培训队伍。

2. 培训方法要多样化，培训形式要更具灵活性。培训要改变单一的教员讲授方式，让骨干教师参与到课堂学习中来，在精讲的基础上，加大讨论、评论的力度。培训中要求教员能够将相关知识有机融合在一起，理论引领与实践引领结合，增加学员提问、教员答疑的力度。培训要采取灵活的培训方式，集中培训时间不能太长。

二、观摩实践模式

观摩实践模式是深受农村骨干教师欢迎的模式。这种模式以课堂实践为基点，采用观摩研讨形式，着力解决课堂教学中的实际问题。这种模式要求：首先确定观摩研讨的专题；然后组织观摩名特优教师的公开课、研究课、示范课，展开研讨，深化认识；接着就此课型或专题，根据教材在一定范围内上实践课、研究课，将名特优教师的教学思想、观点、方法、艺术等灵活运用于自己的课堂教学实践中，形成自己的教学风格与特色。这种做法有利于促进学与练有机结合，以学导练，以练促学，使农村骨干教师在实践锻炼中提高。

这种模式在实际运用中也存在一些问题。主要表现为：

1. 从课到课，注重一招一式，注重直接经验的借鉴，容易只见树木，不见森林。

2. 名优教师的教学风格未必适合农村骨干教师的教学实际。

3. 农村骨干教师回到自己的课堂教学中，缺乏同伴的互助研讨，收效甚微。

要充分发挥此模式的作用，可以做以下改进：

1. 把观摩课堂与理论引领相结合。

2. 选择恰当的学术主持人，能组织学员在观摩后有效地开展讨论。

3. 建立网络交流平台，引导学员在课堂实践后能利用网络进行交流。

4. 组织上汇报课，使学员感到"观摩—实践—展示"是一个完整的过程，促使农村骨干教师积极实践，改进教学。

三、课题研究模式

课题研究模式是目前使用较多、比较受欢迎的一种培训模式。人们对它有不同称呼，如研修一体化培训模式、研训一体化培训模式、"问题—小组"培训模式、教育科研培训模式等等。虽然称呼不同，其具体操作过程也略有差别，但核心内容是相同的。这种模式以课题研究为中心，激发学员学习教育科研理论和掌握教育科研方法的积极性，提高他们的教育理论素养和在教学实践中的创新能力。这种模式要求：首先，在课题研究前，组织学员集中学习有关教育科研的理论知识，包括如何确定研究课题、如何设计教育实验、如何实施研究计划、如何写研究报告等等。其次，在理论学习的基础上，培训教师组织学员从分析当前教学实践中急需解决的问题入手，从教学实践的热点、难点问题中寻找并确定研究的课题，撰写研究方案，组织方案实施，收集资料数据，分析实验结果，撰写研究报告，接受成果鉴定。最后，通过参与课题研究，形成一定的课题理论思想，积累一定的成功教育模式，并据此指导自己的教育实践活动，进一步提高自己的工作效率和质量。

课题研究模式与专题培训相比，其优点有：易于调动骨干教师的学习主动性；有助于强化骨干教师的科研意识，提高其科研能力。当然，课题研究模式也存在其无法回避的问题，主要表现为：要使骨干教师在短暂的时间内取得理想的研究成果，难度较大；培训效果的评价难度大；对培训教员的要求大大提高。

课题研究培训模式提出了一种比较新的培训理念，要把这种培训理念真正贯彻到农村骨干教师培训中，还应该注意以下几点：

1. 要进一步转换培训者与农村骨干教师的观念。培训者应转换自己的角色，由主讲向主持转换，在课题选择、论文写作过程中起主要的指导作用。在培训过程中，培训者应创设开放、民主的学习氛围，注重引导参加培训的骨干教师独立思考。

2. 对学员的课题论文写作要提高要求。学员的论文写作，选题要从教育教学实际出发，要立足于解决教育教学中的问题，要借助现代教育理论，让骨干教师在问题研究中提升理论水平。

3. 要进一步完善培训的考评办法，严格把关，提高评价指标的要求；要制定一些能明显区别于一般骨干教师培训的评价指标，如要求骨干教师在完成课题论文或论著的同时，还要编写自己的日常研究和活动安排等内容。

四、网络远程培训模式

随着网络技术的不断进步，网络远程培训模式在农村骨干教师培训中起着重要的作用。网络远程培训模式一般是以专业网站作为支撑，形成网络培训课程模块。其中，课程选修、资源库和论坛是网络培训得以运行的关键。如网络培训中的骨干教师论坛根据需要开设不同的主题讨论板块，学员在其中发帖交流学习。在论坛中，每个参训的骨干教师都可以根据自己的喜好选择用户名和卡通头像在网上注册，成为注册会员，之后可以获得浏览他人发言和自己发言的权利。网站管理员根据每个人的上网次数和发言次数，给予等级评定。在论坛中，培训者根据课时安排，向参训的农村骨干教师提出讨论的题目、列出要求阅读的书目、发布有关的信息等；参加培训的学员根据培训者的要求学习，并在论坛中通过留言与培训者取得联系，获得培训者与其他学员的反馈信息，也可以将自己在教育教学中遇到的问题发布在论坛上寻求帮助，可以在网上留言或者通过 e-mail 与某个人定向联系。

网络远程培训目前已经成为农村骨干教师培训的重要模式，该培训模式具有省时省力、经济的优点，在实践中形成了其他培训模式不能替代的优势。

1. 该模式实现了以骨干教师为中心，尊重参加培训的骨干教师的成人特征，在学习过程中学员根据培训者的要求和自己的实际情况安排学习进度，摆脱了以培训者讲授为主的传统模式。在此期间，参加培训的学员可以随时与培训者和同伴联系，极为方便。

2. 该模式充分利用了现代科技在教育培训中的作用。网络具有共享性，一个人有什么好的信息马上可以与其他人分享，节约时间和精力。

网络远程培训的缺陷在于：

1. 对硬件要求较高，一些农村骨干教师受所在学校或家庭的条件限制，可能无法接受网络远程学习。

2. 对参加培训的农村骨干教师的信息技术要求较高。

网络远程培训是时代发展在农村骨干教师培训中的反映，也是教育现代化对农村骨干教师的要求。该模式的运用对农村骨干教师的培训具有很好的前景。就目前来看，现有网络培训尚需要做必要改进，从而满足农村骨干教师的培训需求。

1. 针对农村骨干教师信息技术偏弱的现状，可以开设一些专门的信息技术培训的课程。

2. 网络培训模式要与其他培训模式结合运用，以保证参加培训的农村骨干教师既有相对集中的时间去研究理论、观摩课堂，又能运用网络拓展自己的专业视野。

五、基地培训模式

为了解决理论与实践相脱节的问题，促进学用结合，很多地方在城市学校建立了农村骨干教师培训实践基地，培训在城市中小学校进行，包括教育见习、实习、教学观摩、教学研究、教育考察等内容。目前许多地区搞的农村教师进城培训当属于此类。

该模式的优点是，农村骨干教师在示范性学校深入日常教育教学，了解优秀教师的教育教学活动，在名师的指点下进行实践，这种培训从实践到实践，利于先进的经验直接移植。

基地培训模式要想真正达到预期的目的，还存在着许多困难，主要表现在：

1. 对培训者的要求不断提高，培训者必须具备教育教学的全面理论功底，才能在课堂教学实践中做好指导。

2. 培训基地校长必须对培训工作有深刻认识，愿意全力支持培训工作。

3. 培训基地要制订好可行的活动计划，并及时进行讨论交流，做到有的放矢。如果培训目标不明、准备不足、反馈滞后的话，培训就容易流于形式。

4. 在实际操作中，很多培训机构选择办学条件良好、生源充足的名校作为基地。固然这些学校有许多名师，但农村骨干教师感觉这些学校与自己学校的生源差距太大，名师的一些经验并不适用于自己的教育教学实际，导致接受培训的态度消极，减弱培训效果。

基地培训模式有很强的实践性，要让这种培训模式在农村骨干教师培训中起到应有的作用，可做以下改进：

1. 培训单位对基地校的选择要定位准确，要明确培训的目标和农村骨干教师的需求，明确基地校的名师结构，使参加培训的农村骨干教师能参加相应的活动。

2. 制订好培训的方案，确定好培训的内容和方法，与基地校认真磋商培训的细节，提出明确的培训目的和要求，让其明白培训的理念。

3. 做好培训的信息反馈。参加培训的农村骨干教师在基地校见习、实习的观点和想法、建议，要通过论文、调查报告、学习体会等形式凝固化并反馈回去，这有助于基地校名师的发展。

4. 对培训基地实行资格认定制度。培训部门要根据农村骨干教师培训规划确定的任务，建立布局合理、分工明确、优势互补的培训基地的网络体系。

六、校本研修模式

所谓校本研修，是指骨干教师在任职学校中进行自主研修培训。一般在培训机构的引导下，结合教育教学实践，积极进行教育教学反思和教育教学改革。校本研修强调个人自修、专题研究、教育教学实践，充分发挥骨干教师的带头示范作用，让骨干教师与普通教师结成成长共同体，使骨干教师在岗位上成才。

这种培训模式的优点是充分尊重学员学习的主体性，强调培训对象的自主学习、自主研究和自主实践，使理论与实践很好地结合起来，着力于农村骨干教师教育教学实际问题的解决，着力于在实践中改进教育教学行为。

农村骨干教师校本研修模式在实际运用中也存在一些困难：

1. 校本研修管理难度大。骨干教师分散到不同学校中，培训机构限于人力，难以对骨干教师一一进行有效指导。

2. 农村骨干教师地处偏远地区，单打独拼，一枝独秀，缺乏成长氛围，往往找不到成长的高度。

校本研修模式是当前骨干教师培训的重要形式，要充分发挥其作用，应该做以下改进：

1. 校本研修一定要在集中培训之后进行，在集中培训时要培训校本研修的方法，设立专题对骨干教师进行教育科研和校本研修理论、方法的教学与指导，布置明确的培训任务，确定学员校本研修指导教师，使骨干教师校本研修得以顺利启动与有序进行。

2. 建立网络交流平台，利用互联网络组织农村骨干教师培训，让农村骨干教师在网络上交流研修成果。

3. 认真做好学员在校本研修阶段的跟踪指导工作，每个专业对每个学员至少跟踪指导一次。

4. 制定相关评价体系，落实校本研修的校级评价体系职责。

七、导师制模式

导师制模式即"教师指导—学生学习"模式。该模式以带教老师经验为"中介"，促进农村骨干教师把教育理论、学科知识与教育实践结合起来，这一方式能够使一部分在教育理论或学科教学方面有专长的教师的才能得到更充分的发展，可以缩短农村骨干教师成长周期，还可以促进带教老师再学习、再思考、再发展。这种模式符合因材施教、鼓励拔尖的原则。它要求在确定师生关系后，首先，导师通过听课、查阅备课笔记、看论文、交谈等方式了解骨干教师的职业意识、基本素质、人格气质、工作态度等方面的优势和问题，形成一个总的认识和评价，并在此基础上形成阶段性的带教方案。然后，导师通过自己上示范课、分析课、设计方案，要求骨干教师领会导师的教育思想、感受导师的教学风格等等。最后，导师让骨干教师根据所学知识进行实践，并帮助他们修改教案，提出更高的要求。在他们学有所得、习有所成的基础上，导师鼓励他们敢于发表意见、大胆创新并初步形成具有自身特色的教学风格。

此模式在运用中也存在一定问题，主要表现在：

1. 导师的来源多为城镇名优教师，他们与农村骨干教师距离较远，指导交流不方便，指导效果自然不好。

2. 导师的指导有阶段性，工作时间长，指导内容繁杂，需要导师有高度责任感。

要使此模式发挥其应有的作用，可以做以下改进：

1. 制定相关政策，鼓励城镇名优教师做农村骨干教师的导师。

2. 制定相关骨干教师导师工作规范，使城镇名优教师对农村骨干教师的指导规范有序地进行。

3. 建立导师考评制度，以农村骨干教师的成长作为根本考核标准。培训进行一段时间后，对导师指导的效果以及学员学习的情况进行考核评估，及时发现、总结、推广成功的经验。

综观上述各类培训模式，大多是以补充知识、提高技能为主的培训模式。实际上，农村骨干教师的成长是一个诸多因素相互影响交织的复杂过程，要促进农村骨干教师的专业成长，使他们突破成长高原期，就应该在培训内容上不仅有专业知识的积累、专业技能的提升，更要有专业情怀的养成。我们要选择有效的培训模式，并使其在培训实践中交叉循环、综合运用、整体推进，以取得农村骨干教师培训的整体效果。

每个学生都是独一无二的个体。

——［苏联］苏霍姆林斯基

第三章　农村骨干教师成长研修培训模式

为了有效地开展农村骨干教师培训，我们对国内已有的农村骨干教师培训模式进行了分析与研究。我们发现，构建农村骨干教师培训模式需要从农村骨干教师的特点和成长规律出发，不能简单地运用哪一种培训模式，而要综合运用多种培训模式。在培训模式构建中，既要有理论引领，又要有实践操作；既要有名师指导，又要有自主研修；既要有他人经验的借鉴，又要有自己经验的建构；既要有短期的集中培训，又要有长期的校本研修。无论采用何种形式，目标只有一个，这就是促进农村骨干教师的专业成长，使他们突破成长高原期，在教育教学岗位上不断超越自我。这个培训过程有一定周期，整个培训过程应该是培训机构引导下的农村骨干教师自主研修过程，因此农村骨干教师的培训模式可以确定为成长研修培训模式。

第一节　成长研修培训模式的内涵

农村骨干教师成长研修培训模式是以教师专业成长为主题，按照教育行政部门对骨干教师"选、培、管、用"的要求，以三年为一个培训周期，通过自主学习、前期集中培训、远程研修、行动研修、中期集中培训、深度研修、总结提升等七个阶段，使学员在专家引领下，重塑专业精神，在团队中学习、探究中学习、体验中学习、网络中学习、行动中学习，加强师德修养，习得专业知识，提升专业技能，建构有效教学经验体系，形成个性教学风格，实现专业成长突破，持续发展提升的一种培训模式。

一、成　长

"成长"描述了培训的目标。农村骨干教师培训的近期目标是突破成长高原期，远景目标是持续成长，使其最终成为专家型的农村骨干教师。成长研修培训过程即成长过程。从关注骨干教师成长这一角度开展培训，使农村骨干教师产生心理认同，会激发他们主动积极参与培训的热情。

二、研　修

"研修"描述了培训的方式，"研"就是研究，"修"就是改进行为。通过研究和改进行为的方式使骨干教师成长中的问题不断得到解决，教育教学行为不断得到修正，从而使教育教学行为更符合教育教学规律。研究强调了学员的主动性。"研"和"修"都强调了学员在培训中的主体地位，培训中各种方式的采用只是手段而已。

三、培　训

农村骨干教师的成长研修不可能自发产生，需要通过培训的方式进行引领。农村骨干教师成长研修培训模式可以整合集中培训的引领，校本研修的修行，远程培训的资源共享，使专家名师引领与农村骨干教师的自主建构相结合，农村骨干教师之间进行互动，农村骨干教师与普通教师之间进行互动，最终形成农村骨干教师的自我发展的意识与能力。

第二节　成长研修培训模式的理论基础

农村骨干教师成长研修培训模式的理论基础包括行为主义理论、认知主义理论、建构主义理论、成人学习理论、教师专业成长理论、有效教学理论、学习型组织理论和混合式学习理论等。其中成人学习理论和混合式学习理论是主要的理论基础。

一、成人学习理论

在研究成人学习的观点中，美国学者诺尔斯从成人学习和儿童学习的差异的角度对此作了深刻的分析。他将成人的学习与儿童的学习相比较，依据人本主义的观念，提出了以成人学习的四点理论假说为基础的成人学习理论，获得了研究者们的广泛认同。

（1）当一个人成熟起来时，他的自我概念从依赖型变为自我指导型。

（2）成人可以逐步积累更多的经验、更丰富的学习资源。对于成人来说，个人的经验形成自己的个性，因而成人十分珍惜这些经验。

（3）一个成人的学习意愿与他的社会责任的发展任务有着密切的联系。

（4）成人成熟时，他运用知识的时间观念会发生变化，从将来运用知识的观念变成即刻运用知识的观念，因而成人的学习是以问题为中心，而不是以教材为中心。

简单地说，成人学习的特点是：自我指导，经验基础，问题中心，及时有效，开放管理。

农村骨干教师是成人群体的一部分，教师的学习也是成人学习。我们研究教师的学习，必然的一个视野就是从成人的角度研究如何学习。成人学习理论对农村骨干教师培训的启示可以归结为以下五个方面：

1. 农村骨干教师学习是自我指导型的学习

自我意识是个体对自己本身以及自己与客观世界关系的一种意识。成人心理学的研究表明，人的自我意识大体上按照依赖—独立、他律—自律、外控—内控的规律发展。随着年龄的增长，成人越来越具有独立、自律、内控的自我意识。

农村骨干教师自我指导型学习的特点表现在以下三个方面：（1）学习的主体意识增强。他们往往自主确立学习的动机，自我规划学习的目标，不满足于由他人确立的学习方向。（2）主动的学习方式。他们一般不满足于被动的知识灌输，而倾向于积极主动地学习。（3）教学关系平等与民主。他们不喜欢权威的、居高临下的师生关系，希望的是一种民主、平等的教学气氛与师生关系。

2. 农村骨干教师学习以经验为基础

美国心理学家马斯洛认为成人的经验是其自身发展的一种表现。成人不断地从其日常生活所发生的事情中吸取经验教训。他们正是依据这些日常经验认识自我，认识周围世界，并学会分辨是非，摆脱困境，弃恶扬善。实际上，既有经验是成人学习区别于儿童学习的关键。

美国学者诺尔斯认为成人拥有生产、生活、训练等丰富的阅历，积累了许多经验，这些经验是成人用以说明自己个性及与他人不同之处的依据，也是其参与教育、情景、判断学习活动的依据。他强调尊重成人的个人经验，并在教育中充分利用这些经验。另外，诺尔斯认为成人的经验作为学习的一份宝贵资源，为知识的转移创造条件。

但是，人类学家麦阿德通过实验证明，经验对于成人并非总是有益。他认为成人对旧习惯、已有的知识和经验具有自身难以解脱的保护性。

设计农村骨干教师培训的课程，必须考虑农村骨干教师的经验基础。当然，经验虽然是学习的基础和资源，但是经验也具有两面性。农村骨干教师既能从经验出发开始学习，从经验中学习，也可能固守经验，让经验成为继续学习的阻碍。

3. 农村骨干教师学习的内容以问题为中心

诺尔斯认为成人的学习是以问题为中心，而不是以教材为中心。追求现实的应用性必然以解决现实问题为学习目的。这里说的"问题为中心"指的是以教师教学工作中的实际问题为中心。所谓"以教材为中心"，指的是以系统的专业知识体系为中心。"以问题为中心"往往强调活动课程，它以工作顺序选择学习的内容和安排学习的时间。"以教材为中心"的学习与生活顺序和工作流程处于不同的体系，所以联系实际就比较困难。农村骨干教师在教育教学中会遇到各种各样的问题，他们的学习过程应该是解决问题的过程。

4. 农村骨干教师学习的效用观点是即学即用

农村骨干教师的学习与生活现实需要紧密联系。他们的学习不是单纯的储备性的学习，而是与自己的发展紧密关联的学习。成人的发展任务多带有社会性，农村骨干教师的学习要为完成相应的社会责任服务。

农村骨干教师为工作而学习，为教学而学习，教学工作的需要成为教师学习的主要动机。诺尔斯说："成人成熟时，他运用知识的时间观念发生了变化，从将来运用知识的观念变成即学即用知识的观念。"这就是说，教师的学习是学了就要用的学习。这一特点有两个表现：第一，教师追求的知行是建立在行上的知行统一。教师不是单纯追求知识的积累和对知识的好奇心，而是追求知识的可运用性。第二，教师追求知行统一的现实实现性，不是为了将来的行，不是为了遥远期盼的行，而是为了在当前就要运用。

5. 农村骨干教师学习的管理是开放性的

以经验为基础的学习方式和以问题为中心的学习内容，要求学习的管理不应该有太严格的时间和空间限制，而应该是比较松散的、开放的管理。

二、教师专业成长理论

工作岗位是农村骨干教师成长的沃土。农村骨干教师成才是岗位成才。农村骨干教师的专业发展主要是实践智慧的积累。

日本学者佐藤学认为，在教师的专业领域中存在着有别于一般大众知识和各领域研究者之知识的教师固有的知识领域，叫做实践性知识。实践性知识具有如下特征：

第一，教师的实践性知识由于依存于背景的经验性知识，同研究者运用的理论性知识相比，缺乏严密性和普适性，是一种多义的、活生生的、充满柔性功能的知识。

第二，教师的实践性知识是以特定教师、特定教室、特定教材、特定学生为对象而形成的知识，是作为案例知识而积累、传递的。

第三，教师的实践性知识是具有不能还原于个别专业领域的综合性知识，而且并不具备理论性知识那样的发现未知事物和做出原理性阐述的性质，是凭经验主动地解释、矫正、深化现成知识而形成的综合性知识。在实践情景中，教师的实践性知识总是直面某种判断和选择的决策功能的知识。

第四，教师的实践性知识不是显性的知识，而是无意识地运用的知识，它含隐性知识的功能。

第五，教师的实践性知识是以教师个人经验为基础而形成的，具有个性品格的知识。因此，要有效地传递实践性知识，不仅要求知识，而且要求经验，这种传承具有根据接受者的个性特点和成熟度加以解读、吸取的性质。

国内著名学者顾泠沅认为，进入 21 世纪，提高教师职业的专业水准，已成为世界各国教育改革的聚焦点，教师专业发展是一个连续的谱系，从师范生到职初教师，再发展到有经验教师及专家教师，其中专家教师是教师成长的高级阶段。

职初教师的知识结构以原理知识为主，包括学科的原理、规则，还有一般教学法的知识，均属于明确的知识。有经验的教师在教学实践中逐步积累案例知识，那是指学科教学的特殊案例、个别经验。专家教师则不同，他们还具备丰富的策略知识，即运用教育学、心理学原理于特殊案例的策略知识，其核心是教学实践反思。案例知识和策略知识，很大部分是教师的亲身经验，以"默会"知识居多。

基于对教师知识这样的分析，顾泠沅认为："现代教师培训应当继续开发在行动中学习的思路，采用'基本课程＋案例比较＋实践反思'的模式，这才是造就有经验教师和专家教师的必由之路。以往的教师培训，以原理知识为主要内容，忽视了案例知识与策略知识，难以达到预期效果。偏重教学原理（原则、观念）难免空泛，强调教学经验（技能、技巧）易致盲目，而专业引领下的教学案例探讨恰好可以弥补这两者的缺失。"

以上教师专业成长理论给农村骨干教师培训的启示是：

1. 岗位实践是农村骨干教师专业发展的基础

尽管教师专业发展的途径很多，但任何一个途径都不能离开教师的岗位实践。农村骨干教师专业发展最重要的是要坚持不懈地在本职工作岗位上、在教育教学实践中超越自我。

（1）教师的学习是实践性学习

教师职业是农村骨干教师的生存基础，是教师实现自我价值的保障，是教师专业成长规划的依据。教师的学习已经不像在职前学习一样以积累性的学习为主，教师的学习必须服从工作需要。教师的学习必须为工作服务，必须以提高工作能力和工作成效为目的。教师学习的场所主要是工作实践。教育教学工作的实际为教师的学习提出问题、提供资源，并为教师的学习提供价值判断。

（2）教师的教育教学实践是衡量学习成效的唯一标准

教师学习的效果必须要在教育教学岗位中接受检验。在接受检验中不断修正行为，实现专业成长。

（3）教师的个性化发展也离不开岗位实践

教师是个性化的人，教师的专业发展是个性化的发展，教师面对的工作与生活环境千差万别，教师面对的现实问题各种各样，教师可以利用的学习资源不尽相同，教师专业发展的关键点是在岗位实践中形成个性的教育教学风格。

2. 教师的专业发展主要靠实践智慧的积累

（1）农村骨干教师掌握实践智慧很重要

作为专业化的教师，农村骨干教师积累实践智慧显得更重要。任何教育问题都是具体情境中的问题，没有适合各种情境、解决教育问题的"万能"的教育方法或策略。对具体情境的准确判断，对具体教育问题的决策，表现为教师的实践智慧。教育智慧是教师在自己反复活动的内省与调整跟进中积累的；教师的智慧，除了文本理论知识外，还需要拥有"默会"的不可言传的实践智慧。教师的专业发展主要是实践智慧的积累。教学情境的创设、教学策略的选择、创生性课程资源的开发、教学过程中教育机智的运用，凡涉及教学技巧、教学艺术等专业程度较高领域的能力，都依靠实践智慧。实践智慧不是别人教出来的，也不是培训出来的，而是靠教师在实践中摸索和感悟，靠自己知、情、意的修炼。一些教师经过多年教学，积累了丰富的知识，教学技能也很纯熟，但教学效果总是平平，其原因就是他们在实践智慧方面没有长足的发展。

（2）实践智慧来自于亲历、感悟和反思

教师的实践智慧不可能来源于书本和讲座，实践智慧来自于亲历、感悟和反思。美国心理学家波斯纳提出教师成长的公式：成长＝经验＋反思。当今世界教师教育发展，实践反思已成为教师培训的基本模式。不爱动脑思考的人，实践智慧就像清风一样在他耳边不停地流逝。有志者"十年磨一剑"，他积累了上百个案例，胸中就有上千种策略。他遇到问题时，就会有无数个参照物和样板涌上心头，就会产生及时决策和随机应变的勇气。于是，他就有了自己的策略、自己的主张。

因此，农村骨干教师培训应致力于实践智慧的积累。

三、混合式学习理论

混合式学习是当前国际教育技术发展的最新动向。它是由何克抗在 2003 年 12 月召开的全球华人计算机教育应用第七届大会上首次正式倡导的理念。何克抗教授认为："所谓混合式学习就是要把传统学习方式的优势和网络化学习的优势结合起来，也就是说，既要发挥教师引导、启发、监控教学过程的主导作用，又要充分体现学生作为学习过程主体的主动性、积极性与创造性。"目前国际教育技术界的共识是，只有将这两者结合起来，使两者优势互补，才能获得最佳的学习效果。

因此，我们认为混合式学习是国际教育界在最近几十年教育技术理论与实践研究的基础上提出的最新的教育问题有效解决方案，是人们对行为主义、认知主义、建构主义理论和方法的综合，也是教育领域长达 20 年来关于"学生中心—教师中心"争论的美妙的调和。综合传统课堂教学与现代数字化学习优势的混合式教学模式，必将成为未来几年教育改革的主题。

同理，在当今这个学习型社会、信息化的教育环境中，农村骨干教师培训必然也要顺应潮流，从农村骨干教师的学习方式和培训需要的实际出发，彰显培训主体个性特色，因材施"训"，采用混合式培训模式，在灵活应用原来的培训模式的基础上，进一步整合资源，把在线学习与传统课堂教学有机结合在一起，为农村骨干教师提供线上、线下、线上结合线下等多种学习方式，满足农村骨干教师在不同时间、地域、学习环境、经济条件等特殊境况下的学习需求，为农村骨干教师提供高标准、高质量的学习培训和实践指导服务。

第三节 成长研修培训模式的结构流程

农村骨干教师成长研修培训模式是以成人学习理论、教师专业成长理论和混合式学习理论等理论为指导，以引领农村骨干教师自我发展、实现成长突破为目标，整合各种资源、多种培训形式，集合多种培训策略，形成结构化的操作程序。它的结构流程如图 3-1。

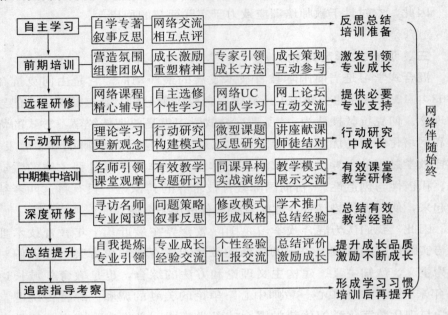

图 3-1 农村骨干教师成长研修培训模式结构流程图

第一阶段自主学习是集中培训前的热身，让农村骨干教师自学现代教育技术、教育叙事写法，为整个培训奠定基础。

第二阶段前期集中培训是对农村骨干教师专业精神的激发和专业成长方法的引领，为成长研修培训的启动奠定思想上和方法上的基础。

第三阶段远程研修是通过网络远程的形式对农村骨干教师进行新理念、新课程、新技术的培训，为农村骨干教师的成长提供必要的专业知识和专业技能的支持。

第四阶段行动研修是农村骨干教师基于岗位实践进行自觉的行动研究，在行为改进中成长，在发挥示范辐射作用中成长。

第五阶段中期集中培训是对前期培训的总结，对后期培训的引领，同时聚焦于课堂教学，切实提高农村骨干教师有效教学的能力。

第六阶段深度研修实际上也是行动研修，只不过是引导农村骨干教师更加自主地建构自己的有效教学经验体系，为最终形成自己的教学风格奠定基础。

第七阶段总结提升是对整个成长研修培训的全面总结，要让农村骨干教师进一步理解成长的方法，促使农村骨干教师在培训后持续成长，把成长进行到底。

农村骨干教师成长研修培训各个阶段围绕着成长突破的培训目标互相联系，形成阶梯，构成一个整体。同时，各个阶段又相对独立，成为子模式。成长研修培训模式以三年为一个培训周期，通过集中培训的引领与分散的自我研修相结合，辅以伴随始终的现代远程手段、成长共同体，使农村骨干教师积累专业知识，提升专业技能，养成专业精神，具备持续发展能力。

第四节　成长研修培训模式的特点

从农村骨干教师参加培训的角度来看，参加培训其实就是学习的过程，而成长研修培训模式就是要引导学员自我学习，形成持续发展的能力。从学员学习的角度来看，成长研修培训模式有八个方面的特点。

一、主动学习——以专业成长为切入点

成长研修从农村骨干教师自身生存与发展的角度切入，关注教师的职业人生幸福，点燃他们的理想信念与追求，教给他们成长的方法，激励他们挑战自我、战胜自我、超越自我、追求卓越，重塑专业精神，化外在的压力为内在的动力，使农村骨干教师"从生计的驱使向生命的自由提升"，"由牺牲性的付出向主动性的创造提升"，主动发展，实现专业成长。

二、经验学习——以建构有效教学经验为内容

成长研修引导骨干教师通过有效教学经验的建构实现成长。它扎根于骨干教师教学的实践，扎根在有效教学的主阵地上，通过有效经验的广泛借鉴、自觉创造、提炼固化和推广应用，实现骨干教师有效教学经验的新建构，使骨干教师逐步构建起自己的有效教学经验体系，实现真正的专业成长。

三、团队学习——以同伴互助为基础

团队学习就是在团队合作的基础上，发挥整体作用，为达到一致目标，资源共享、优势互补而持续进行的全方位学习。当团队真正在学习上进行合作时，不仅整体会产生出色的成果，队员成长的速度也会比其他的学习方式更快。在骨干教师的研修培训中要构建相互激励、持久合作的学习团队，建立学习家园。运用团队学习，轻松且潜移默化，每个人都不断和其他人交换知识经验，提出问题、反馈、引申、修改、碰撞，分享知识与经验。在同伴互助中，能更快更好地实现骨干教师共同的愿景——构建有效教学模式，形成个性教学风格，突破成长高原期，实现持续发展。

四、远程学习——以网络资源为专业支撑

教师的成长需要专业知识、专业技能支持，骨干教师们的工学矛盾突出，不可能长时间参加集中培训。通过集中培训的组织管理，依托全国教师教育网络联盟，利用"网联"优质资源开展远程培训能突破时间和空间的界限，很好地解决工学矛盾，还对教师现代教育技术能力进行了培训，能全面提升参训教师的专业知识和专业技能。在农村骨干教师培训中，网络的资源、远程、交互功能运用其中，使其成为成长研修的重要支撑。

五、行动学习——以校本研修为成长过程

教师的专业成长呈周期性发展状态，绝不是短短的几天培训就能完成的，只有教师基于学校进行行动研修，在教育教学实践中坚持行动学习，不断探究、不断提炼、不断总结、不断反思，寻找解决问题的策略，探索教育教学规律，形成研究习惯，在学习中实践，在实践中学习，才能最终形成有效教学模式、形成教学风格。行动研究是骨干教师成长的重要途径和方法。

六、有效学习——以互动参与为策略

有效的学习必然有学习者的积极参与，运用互动方式是让学习者积极参与的好策略。在集中培训模块，从异质分组、文化建制开始，学员就多向参与到学习活动中，每个专题后学员都要在小组墙上家园发帖子

谈体会收获，每半天收集一次学员的帖子，在全班宣读精彩帖子，通讯员及时报道本组的学习活动。在成长策划这个板块，专家引领—自主策划—小组交流—全班交流—主持总结，学员充分参与到活动中，与专家、主持人、小组同伴、全班同学互动交流，实现了相互借鉴、思想碰撞、共同提升。在校本研修模块中，个人行动研究、与小组团队成员合作研究、构建教学模式、优化教学模式、形成教学风格、上示范课、开讲座，无不是在参与中有效学习。互动参与的学习方式伴随成长研修培训始终。

七、体验学习——以"自主、探究、合作"为主要方式

"自主、探究、合作"学习方式是新课程倡导的学习方式。在骨干教师成长研修培训的集中培训、远程培训和校本研修中，大量采用有效的"自主、探究、合作"学习方式，只在集中培训时设置必要的专家讲座，采用讲授式进行专业引领。比如在集中培训中，我们组织学员一起归纳提炼教育教学中值得研究的问题，并运用集体智慧共同探究寻找解决问题的策略，使学员学会了探究的方法，让学员深刻体验到在学习中运用"自主、探究、合作＋讲授"学习方式的优越性与具体操作方法，为他们在教学中实现学生学习方式的优化提供了直接经验。

八、持续学习——以成长提升为目标

行动需要反思与总结，这样行动才会不断改进与延续。在不同阶段，对学员要给予不同的引导。在总结提升阶段，要引导学员做专业成长的全面总结，反思专业成长中的亮点与问题，召开教师专业成长研讨会，上汇报课，交流学员的教学模式研究成果、教学风格成果，交流教师成长经验，汇编学员优秀成果集，巩固团队学习家园，确定研究新课题，努力激发骨干教师不断提升、不断突破，激励学员不断学习探索、不断追求新的目标高度，寻求新的成长突破，把成长进行到底。

第五节　成长研修培训模式操作中应该注意的问题

一、精心设计内容

农村骨干教师培训的目标是要让骨干教师突破成长高原期，实现可

持续的专业成长。因此，培训内容可以设置专业成长激励、专业成长方法指导、专业知识学习和专业技能训练。

（一）专业成长激励

农村骨干教师在所处的教师群体中一枝独秀，容易产生满足感而停滞不前，或者长期徘徊在专业的一定高度而产生职业倦怠，或者受周围普通教师群体影响而不思进取。农村骨干教师培训的首要任务是激发他们成长的热情，因此，需要分析农村骨干教师的特征，分析教师成长规律，需要找一些名优教师做成长经历的现身说法，需要引导农村骨干教师挑战自我，超越自我，赢得专业尊严，实现完美人生。

（二）专业成长方法指导

农村骨干教师的成长需要方法的指导。在成长研修培训中，要对农村骨干教师开展教育科研方法的指导，让他们有意识地通过研究改变自己的行为；要对农村骨干教师开展反思能力的培养与训练，使他们不断地对自己的经验进行反思，从而有目标地深入实践，实现经验＋反思＝成长。可以开设构建教学模式的课程，让农村骨干教师提炼自己的有效教学模式，探寻多样化教学模式，构建独具特色的个性化教学模式，使他们深层次地把握教育教学规律，为形成独特的风格奠定基础；可以开展小问题研究，在问题的不断解决中实现专业成长。成长方法的指导要围绕自学能力、自我反思、自我规划、获取外部资源等方面设计培训内容，提升农村骨干教师的自我发展能力。

（三）专业知识学习和专业技能训练

农村骨干教师要突出文化科学知识的拓展、专业知识的加深、教育观念的更新和专业技能的提升。文化科学知识的拓宽要根据社会发展和科学技术的最新发展来设计，如了解国际国内形势、现代科技、中外文化、哲学思想、农村现状等内容。专业知识的加深主要是学习本专业的知识、学科教学法，了解本学科的前沿知识，增强专业知识底蕴。教育观念的更新应该围绕素质教育这一中心，帮助骨干教师了解终身教育、教育平等、主体教育等现代教育思想，研究学生心理问题和心理特点。为此，应开设现代教学论、学习心理、课堂教学心理学、心理咨询学等。专业技能训练可以围绕学科教学法、现代教育技术的运用、研究学生学习、课堂组织设计、课堂有效教学的实施来设计。在能力发展方面应注重教育教学能力、自我学习能力和教育科研与创新能力的发展。概括地说，农村骨干教师能力发展主要是学、教、研的能力发展，即要发展善于获取知识、灵活运用知识的能力，娴熟、高超的教育教学能力，进行教育科研、教学改革、探索创新的能力。

二、注重个性发展

研究农村骨干教师的发展需要并给予满足是培训的出发点。因此，必须了解农村骨干教师的各种需求，制定多层次的培训目标；把握农村骨干教师优势，扬长补短，使培训内容贴近教育教学实际。农村骨干教师培训课程可以是菜单式、开放式的，以便农村骨干教师根据现实需要或发展需要选择课程，满足自己的学习心理需求，进而能够促进他们的个性主动发展与自主选择学习。

促进农村骨干教师的个性发展，要尊重农村骨干教师的主体地位，要建立新型教学关系。农村骨干教师培训面对的是鲜活的千差万别的有思想、有情感、有个性的对象，他们是培训的主体。因此，尊重农村骨干教师的主体地位，充分调动农村骨干教师学习的内驱力，建立起新型的教学关系是极其重要的。它表现为：（1）师生之间的关系是平等的、对话式的、民主的、开放的。这种平等和尊重体现为人格平等、角度平等、心理平等，是全方位的平等。（2）师生之间的角色是多重的。培训者是教师，也是组织者、协调者、促进者、资源库，更是服务者、农村骨干教师学习的激励者和陪伴者。农村骨干教师是学习者，也是设计者、参与者和讲授者。丰富的角色为培训过程中的教学相长，促进农村骨干教师个性充分发展搭起了一个更为宽阔的舞台。（3）师生之间是互动的。农村骨干教师培训对培训者提出了三维要求，即培训内容的知识和经验以及设计和实施培训课程的技术，对农村骨干教师的关爱度和助益度，通过研修引导使农村骨干教师个性发展。这三维要求需要培训者不断丰富和更新自己的认知结构。

三、整合多种形式

农村骨干教师培训形式应提倡多样化，做到集中培训与分散研修相结合、系统学习与实践研修相结合。

在培训过程中，教学要以农村骨干教师已有的知识结构和管理经验为基础，专题讲座应优选主题、富有针对性、注重实效性，不能满堂灌，要少讲精讲，提倡自学，多采用专题研讨、经验交流、案例教学、实地教学、角色模拟等方式，切实提高其解决实际问题的能力。如在校本研修的教学中，可适当运用角色模拟的教学方法，让农村骨干教师轮流模拟主持某一项研修活动，这比单纯讲原理的方式更为有效。课堂观摩形式一定要有目的、有计划、有组织、有要求、有针对性，不能泛泛而观，流于形式。听课前要有主题，要研究教材，甚至备好课，课后一定要研讨。

农村骨干教师的考核工作也要坚持"学用结合，以学促变"的宗旨。农村骨干教师学习期间的考核应主要通过检查和评审读书笔记、心得体会、论文报告、课题研究、讲座讲义、案例分析的方式进行，要加大对农村骨干教师运用所学知识改进教学工作的考核分量。考核工作需要改变以往由单纯的培训基地作评价的方式，要约请学校及教育行政部门共同参与考核过程，这样既能调动农村骨干教师参加培训的积极性，也能提高培训的效益。

四、构筑网络平台

农村骨干教师成长研修的大多数时段是在农村骨干教师的学校中完成的，互联网络平台能引导农村骨干教师们展开研修，在网络上提供远程培训资源给农村骨干教师予以专业支持，构筑网络平台是实现农村骨干教师成长研修目标的主要保障。随着信息技术的发展，随着政府对农村教育的投入的不断加大，农村骨干教师通过网络平台学习逐步成为可能。

五、师资联合协作

目前培训师资问题主要表现在人数少、学科不齐、理论与实践脱节等方面。要解决好这些问题，只抓专职培训教师是不够的，因为这样无法解决人数少、学科不齐的问题。应该本着教育整体师资的合理配置，着眼于师资的协作与联合。在一般的培训基地，专职培训师资较少，每门课都配一个教师，既很难做到，从经济效益上也很不划算。为此，应建立专兼职结合的农村骨干教师培训教师队伍，以实现资源共享，提高整体效益。我们提倡培训机构之间根据各自的师资力量开展结对子等多种形式的联合办学，提倡培训机构在城镇名优中小学设置培训基地开展协作办学，提倡培训机构整合多层次的资源组建一支实践性强的专兼职结合的培训者队伍，培训者队伍的构成既要有高层次的理论专家，又要有高层次的实践专家，特别是要有一批既能上课示范又擅长传帮带的名优教师，以利于提高培训质量。

当前，农村骨干教师培训工作对从事培训的教师提出了更新更高的要求。培训者要适应农村骨干教师培训新形势的要求，应做到转变思想观念，增强服务意识，从单一的知识传授者角色转向研究者、参与者、指导者、知己与朋友等多样化社会角色，通过多种形式培训农村骨干教师。

六、形成质量保障体系

农村骨干教师培训的质量保障体系是全面保证农村骨干教师培训质量的组织和程序系统。它是把那些对农村骨干教师培训产生重要影响的组织、机构、政策、制度、教育管理活动等有机地连接起来，形成一个保障和提高培训质量的稳定而有效的整体，通过评价、监督、诊断、引导和调控等手段的运用，实现对培训行为的自动调节，促使培训活动能够不断满足国家、社会和农村骨干教师的需要。

农村骨干教师培训的质量保障体系一般由培训前的需求调研体系、培训中的质量监测体系和培训后的质量反馈体系三个部分组成。在三大部分中，培训前的需求调研是系统允许的前提条件，是农村骨干教师培训能否取得高质量高效益的重要前提。培训只有建立在充分的调研基础上，才能增强针对性，提高农村骨干教师培训的效果。培训中的质量监测是实现农村骨干教师培训整体目标的关键。通过对培训中的教学、学习管理等主要环节的监测，能够使培训计划得到有效贯彻，同时也能够有效地减少培训的偏差。通过对培训后的质量反馈的重视，既能够反映出培训的实际效果，也为以后类似性质的培训提供重要的参考数据。

能激发就是最好的教育。
——查有梁

第四章　前期集中培训
——精神与方法的引领

农村骨干教师的成长是一个长期的研修过程。它需要长期、扎实的实践，需要顽强自觉的学习，需要充满个性的创造，还需要多元合理的知识结构、积极健康的心理品质，也需要外力的驱动。农村骨干教师成长研修培训模式的实质就是在培训机构的主导下，学员基于学校、基于课堂实践进行研修，经过培训前的准备、首次集中培训的引领、远程培训的资源支持、校本研修的经验建构、中期集中培训的实践引领与交流、深度研修的经验建构、总结性培训的提升几个阶段，帮助农村骨干教师实现专业成长。以下将从培训模式的实施程序的各个环节与内容组合的角度来论述。

第一节　自主学习——集中培训前的热身

成长研修培训模式将大量运用网络研修、合作研修与自主研修的方式，而农村骨干教师以往参加的培训多为专题讲座或者课堂观摩的形式，他们习惯了以带一个本子、一支笔做笔记的方式参加培训。要让农村骨干教师们体验到培训的与众不同，在集中培训时充分理解培训模式的先进理念，为整个研修培训奠定基础，在培训之前进行热身活动就显得非常有必要。

在集中培训前的热身学习过程中，所谓学员的自主学习，实际上是在培训者引导下的有主题的学习：学习教育叙事的写法，学习发送电子邮件，学习在论坛上交流，学习别人的教育教学智慧。此过程内容丰富，形式新颖，把教育叙事的撰写与现代教育技术的学习相结合，学员的积极性一般都比较高。自主学习成为整个研修培训的一个重要组成部分，突破了传统培训必须报到后才开始培训的缺陷。

一、用 e-mail 向主持人发送电子名片

e-mail 即电子邮件，是因特网上的交流工具。通过电子邮件可以方便地互相传送文本信息、图像文件、报表和计算机程序。对于农村骨干教师来说，学会运用电子邮件就学会了一种网上沟通的方法。

农村骨干教师们如果不会使用电子邮件，可以向同事或者学校计算机老师学习。通过用 e-mail 向主持人发送电子名片，农村骨干教师不用专门的培训就自己在学校中学会了 e-mail 的运用。

电子名片就是运用电子文本、图像，甚至动画的方式介绍自己的姓名、学历、学科、爱好、人生感言或者教育感言。传送电子名片使 e-mail 的练习有了内容，更重要的是让学员介绍个人情况，能强化学员的自我意识，为唤醒学员自觉成长的潜意识初步奠定基础。

【案例 4－1】

电子名片

姓名：荆葵

工作单位：峨眉山市第一中学

地址：峨眉山市××路××号

人生格言：人类的全部智慧就是等待和希望

联系电话：×××××××××××

e-mail：jingkui68@yahoo. com. cn

二、自学撰写叙事文章

叙事就是讲故事，讲述自己亲身经历的事件。教师所写的教育叙事，陈述的是教师在日常生活、课堂教学、教改实践活动中曾经发生或正在发生的事件，也包括教师本人撰写的个人传记、个人经验总结等各类文本。这些"故事"样式的实践记录是具体的、情景性的。它活灵活现地描绘出教师的经验世界，是教师心灵成长的轨迹，是教师在教育教学活动方面的真情实感。

教师自己叙述教育教学故事，既不是为了检验某种已有的教育理论，也不是为了构建一种新的教育理论，更不是向别人炫耀自己的研究成果。教师叙事研究的主要目的是以自我叙述的方式来反思自己的教育教学活动，并通过反思来改进自己的教育教学行为，不断提高教育教学质量。

在以往的骨干教师培训中，往往引导骨干教师撰写论文来开展教育研究，很多貌似理性的东西或是演绎出来或是拼凑而成，极易出现假、大、空的现象，这种研究对教师的成长实际上帮助不大。农村骨干教师在长期的教育教学实践中已有相当丰富的经验，运用教育叙事的方式开展研究，可以帮助他们建构起自己的经验系统。

为了更好地引导骨干教师在培训前撰写教育叙事文章，培训者需要在培训通知中提出明确的要求，并且给他们提供如何撰写教育叙事文章的理论和案例，让农村骨干教师通过自学学会教育叙事文章的写法，并通过撰写教育叙事文章，初步学会运用教育叙事的方式开展教育研究。

【案例4-2】

不该忽略的细节

那天在六班上地理课，我的课前准备和平常一样做得很充分，课堂调控得也很好，同学们都很认真地听讲、做笔记、积极参加讨论、积极发言。

按照新课程教学理论，教师应当作好引导者、组织者，充分发挥学生的主体作用。那节课上，老师先是"提出问题"，把需要同学们探讨出结果的题目提出来，再让学生们通过看书、读图、填空、绘图、讨论来"分析问题"，各小组的成员都积极配合。到了该"解决问题"的时候了，那些平时成绩很好的、很大胆的、很善于表现自己的学生都举起了手。他们也真的答得很完善或很有创意，我对他们的脑力劳动都予以肯定、赞许。

其后，一个平时很少发言的男生举起了手。我竟然叫不出他的名字（我是上全年级的课，几百个学生），他憋足了劲，看来是很有信心的，也很想表现一下。我就用手势示意他来陈述自己的观点。这个男孩并不腼腆，声音脆脆的，语句流畅，答得很不错。我只是简单地示意他坐下，竟然忘了慷慨地给他一句赞扬，哪怕是一个肯定的"Good"，或者更简单的"Yes"。当时我只是看到教室里其他小组的成员还高高地举着手，他们跃跃欲试的急迫心情令我急促地让他坐下，而又让其他人来"粉墨登场"、"一展风采"。正当一个女孩很自信地准备"演讲"，陈述自己的"金点子"时，我瞥见了刚才那个男生那张泛红的脸颊，还有一个令我这个为师者一生难以忘怀的动作——他为自己鼓起了掌，轻轻的三下——那应该是为自己的，为他刚才的勇气与智慧的"杰出成就"而鼓掌。那本来应该是老师给他的，应该是其他同学给他的，因为这个不善发言的同学，这个成绩一般的同学，这个在班集体中常常被其他更优秀的同学的光芒所遮掩了的同学，当时是下了多大的决心才能举起他的手啊！那举起的可是他惴惴不安的那颗心！那举起的可是他一百次、一千次地战胜了怯懦的勇气！

孩子的心总是清澄透明的，那么单纯，那么上进，充满渴望，渴求成功。为师的我，还能那么轻易地让课堂上的一些细节变得可有可无吗？

（乐山外国语学校　教晓玲）

三、论坛交流教育叙事

论坛又名 BBS，是因特网上的一种电子信息服务系统。它提供一块公共电子白板，每个用户都可以在上面书写，可发布信息或提出看法。在培训机构网站上设置骨干教师专题论坛，利于农村骨干教师成长研修培训得以很好地交流和管理。

农村骨干教师分散在四乡八野，通过骨干教师论坛，他们之间的交流可以打破时间、空间的限制，在与别人进行交流时，无须考虑自身的年龄、学历、知识、社会地位、财富、外貌、健康状况。这样，参与讨论的人可以处于一个平等的位置与其他人进行任何问题的探讨。在成长研修培训理念的指导下，在整个研修过程中，骨干教师论坛将伴随始终。在研修的不同阶段，像日常生活中的黑板报一样，骨干教师论坛按不同的主题分为许多板块，用户可以阅读别人关于某个主题的看法，也可以将自己的想法毫无保留地贴到论坛中。

在第一次集中培训前的热身阶段，多数学员还不会使用论坛交流。运用培训通知引导学员学会在骨干教师论坛上注册，阅读教育叙事文章的写法的信息，发布自己撰写的教育叙事文章，阅读其他人的教育叙事文章，评论他人的叙事文章，运用论坛很好地发布、获取和交流信息，让他们经历这样一个过程。农村骨干教师们通过自己的探索或者他人的帮助学会了论坛交流，学会了实用的现代教育技术，同时也学到了别人教育叙事文章的写法，分享了别人的教育教学智慧。论坛交流充分体现了参训者也是培训资源的培训理念，体现了"自主、探究、合作"的培训方式。

为了让学员在培训前很好地热身，在培训通知上要明确自学的任务，要在培训机构网站上建立专门的骨干教师论坛，要设置专人提供必要的技术支持。

【案例 4－3】

乐山市农村骨干教师培训报到须知

1. 学员务必于 12 月 3 日前通过电子邮箱向主持人（xxzznn@yahoo.com.cn）发送电子名片。电子名片包括姓名、工作单位、地址、联系电话、电子邮箱、获得的最高层次的荣誉称号、人生格言或教育感言（能表现自己性格特点，不超过 50 字）。

2. 学员务必于 12 月 3 日前撰写教育教学叙事文章，将其发布在乐山教师教育论坛中，并对其中两篇以上文章进行评点。教育教学叙事约

400 字，要求对自己教育教学的成功或失误的真实个案进行描述与反思，内容真实、主题鲜明、有故事情节。写作方法可以参考乐山教师教育网中《叙事研究》栏目（http：//www.61.139.52.68/）。

以上要求作为本次培训考核的内容之一，未完成者报到时不予注册。

乐山教育论坛操作指南：

登录：www.lsrtvu.net—师训中心—教育论坛—登录（用户名：自己的汉语姓名；密码：××××××）。

发帖：点击骨干教师相关班级—全班交流—发表话题—填上标题—填上内容—发表。

跟帖：点击相关文章—回复帖子—填上标题—填上内容—发表。

其他功能：贴图、变化字体大小、色彩……自己慢慢体会哟！

联系人：万老师　许老师　张老师

联系电话：×××××××

第二节　前期集中培训——精神与方法的引领

前期集中培训是农村骨干教师成长研修培训的第一次集中培训，本次培训的任务是总结前期自主学习情况，组建学习团队，进行专业精神的激励和成长方法的引领，进行远程研修的技术训练和布置行动研修的任务。前期集中培训原则上按照学科组建班级，每一个班确定相应的班主任。前期集中培训的成效直接关系到整个成长研修培训的效果。

一、营造培训氛围，感受培训理念

环境营造——良好的培训氛围能感染学员，促使学员理解培训理念，很快进入角色。因此，在培训场地应设置欢迎标语、报到指示牌，可制作精美的培训手册，在培训手册上艺术地标明培训理念，引发学员的学习期待。

报到——由班主任负责报到，班主任要热情接待学员，协助学员办理各项手续，引导学员关注自己的网上作业，引导没有完成前期自主学习阶段作业的学员完成作业。

开班典礼——开班典礼的目的是营造培训氛围，让学员明理知行。

开班典礼一般邀请教育行政领导阐释农村骨干教师的培训背景和政策及培训要求，培训机构策划者对培训的理念和培训安排做全面的介绍。

【案例4-4】

继往开来　继续成长
——在乐山市农村骨干教师培训开班典礼上的讲话

今天是乐山市农村骨干教师培训开班。在这里，我代表市教育局，一是向大家这些年在教育一线辛勤努力工作表示感谢，二是对大家取得的成绩表示祝贺，三是提几点希望和要求。

乐山市农村骨干教师选拔、培养工作，是"十一五"期间我市中小学教师队伍建设的一项重要工程。评选不是目的，实施这一工程，关键是要通过骨干教师的示范、辐射和带动作用，促进教师队伍建设，推动全市农村基础教育事业的发展。

目前，我市中小学专任教师队伍两万余人，总体数量能够满足基础教育事业改革和发展的需求，但是结构性的不平衡依然存在，骨干教师、优质师资还很缺乏，区县间、校际间教师队伍的状况、教育教学的质量、水平也存在较大的差距。显然，教育的发展对教师数量的需求已不是主要矛盾，数量的需求已逐渐让位于教师整体质量的提高。因此，开发并合理配置教育人才资源，大面积提高教师的素质是"十一五"期间教师队伍建设的核心问题。

为进一步推动全市基础教育事业的发展，实现教育均衡发展，我们必须大力加强教师队伍建设，提高教师队伍的整体素质。高质量的教育必须依靠高质量的教师。没有高质量的教师，一切高质量教育的计划都会陷于空谈。基础教育在社会主义现代化建设中处于"重中之重，优先发展"的战略地位。努力建设一支高质量的中小学教师队伍，是教育事业发展的关键。

要提高教师队伍整体素质，建设一支高质量的中小学教师队伍，必须做好以下工作：

一是加大教师培训力度，大力提高教师专业化水平。教育是一门科学，教学是一门艺术，有学问不一定就能成为一名好教师。我们在这里提出教师专业化的问题，就是指教师在整个专业生涯中，通过终身专业训练，获得教育专业知识技能，实施专业自主，表现专业道德，使教师的"教育素质"得到提升和发展。广大教师必须树立终身教育的理念，要认识到，教师虽然是教育者，但首先应该是学习者，在已经到来的学习化社会中，要培养学生学会终身学习，教师自身更应先学会终身学习。任何人都要活到老、学到老，但对于教师来讲，这一点更为重要，必须走在全社会的前面。其他人受不受教育主要是个人修养问题，教师作为教育者，则会直接影响他人，影响一批人。教育者必须先受教育，终身学习，不断充电。

二是最大限度地发挥优质教育人力资源的作用，实现优秀师资的资源共享。要融通使用各类学校师资，改变骨干教师学校、单位所有的状况，打破传统的一位教师只归一校的格局，鼓励教师跨校联聘、互聘、兼课。紧缺专业的教师和骨干教师都可以在多所学校任教。各区县要建立跨校流动的骨干教师人才库，市级骨干教师和学科带头人可以由区县教育行政部门统一调配。市教育局今年要专门就中小学教师轮换交流问题进行研究，同时我们也要求各区县教育局要根据本地区的实际情况，研究制定本地区中小学教师轮换交流的具体办法，充分发挥市级骨干教师和学科带头人的辐射作用。

三是积极引进骨干拔尖人才。拓宽选人视野，多渠道、多形式争取优秀人才充实到教师队伍中来。

开展对市级农村骨干教师的培训，也是我们加强教师队伍能力建设的具体措施之一。"十一五"期间，我们对骨干教师的培训，重点内容是新理论、新观念、现代教育信息技术、素质教育改革试验课题研究等，培训采取面授、研修、讨论、调研、考察等多种形式。我们希望通过开展对骨干教师的培训，大家能够在思想政治、职业道德、专业知识、学术水平、教学及科研能力等方面都得到提高，成为高素质、高水平、高质量、具有终身学习能力和教育创新能力，在教育教学实践中能够发挥示范作用的基础教育的专家，真正担负起发展农村基础教育事业的重任。

这次安排的集中培训时间不长，培训的重点放在以后的远程培训和分散研修上。为使大家能够在较短的时间里得到最大的收获，给大家提两点要求：

一是转换角色，摆正位置。从教师变为学生、教育者变为受教育者，要自觉遵守学校的各项管理制度，加强组织观念，遵守纪律，因故不能参加学习的同志，要向学校请假。

二是珍惜学习机会，努力刻苦学习。大家平时工作很忙，都是挑大梁、挑重担的，抽出时间脱产学习很难，大家一定要珍惜学习机会。

为组织好这次培训，市教师培训中心的领导、培训部的老师，做了很多准备工作。他们根据大家的情况，对课程的安排、教材的选择等，都进行了认真的研究和精心的设计，大家对完成学业要有信心。

最后，预祝大家顺利完成学习任务。

（乐山市教育局副局长　邓一鹏）

二、组建学习团队，充分互动参与

《礼记·学记》中有这样一句名言："独学而无友，则孤陋而寡闻。"意思是说，如果学习中缺乏学友之间的交流切磋，就必然会导致知识狭隘，见识短浅。古今中外许多善于读书治学并且成大器者，大多十分重视结交学友，并在讨论与交流中获益匪浅，道理就在于此。农村骨干教师只有在团队的合作中，才能博采众长，才能减少重复性的劳动，才能孕育教学的个性风格。

（一）组建学习团队

农村骨干教师在岗位上认真工作、刻苦钻研，逐渐脱颖而出，成为所在群体中的佼佼者。他们的成长主要靠自己的努力。他们以往参加的培训，多为专家单向传递式的讲座，或者课堂教学观摩，很少有可能参加同伴互助的培训。要让他们认同团队学习理念，积极参与到培训之中，可以运用激趣、明理等策略。

活动流程： 激趣—明理—异质分组—文化建制—团队形象展示

活动策略：

A. 激趣——在培训开班典礼前后，播放其他培训班团队学习、互动参与的影像，让学员形象地感知团队学习的一些精彩片段，引发学员的学习兴趣，使之产生强烈参与的愿望。

B. 明理——培训主持人可以从游戏引入，向学员简洁地阐明"参与决定收获"、"奉献个人经验，共享集体智慧"、"帮助他人，成就自己"
的道理。

【案例 4－5】

游戏：左手拍右手

主持人请学员起立，示范并引导学员一起做：伸出你的左手，伸出
你的右手，用左手拍右手，用右手拍左手，左手右手一起拍。重复一次。

主持人引导学员谈体会：是左手拍右手的声音大还是右手拍左手的
声音大，或者左右手一起拍声音大。

主持人总结：这个游戏告诉我们，学习的时候，不仅需要老师们传
递信息，学员也要主动积极参与。只有共同参与，培训才可能更有效果，
正如左右手一起拍的声音大一样。

C. 异质分组——运用适当的方式把不同地域的教师组成若干小组，
一般 6～8 人为一组。人数太多，不利于充分参与交流；人数太少，又不
利于不同思想的碰撞。组内最好有男女学员的搭配，因为男女思维角度
往往不同，男女学员的搭配有利于从不同角度看问题。分组的方式可以
通过报数，也可以通过抽签，达到异质而又新鲜有趣的目的就行。

D. 文化建制——异质分组组建的小组需要用文化来统领，组员相互
自我介绍，然后商讨组名、小组的口号，并给以文化解读，建立墙上家
园和网上家园，最后选出组长，确定组员的分工，如通讯员、记录员、
精彩帖子收集员、网络论坛操作员、噪音控制员、计时员等，力求做到
每个组员都承担一定职责。之所以要最后选出组长，是因为小组刚刚建
立，组员之间互相不了解。通过商讨组名、确立口号、建立墙上家园，
组员间增进了了解，在这个基础上选出的组长才可能有威信。

E. 团队形象展示——小组团队刚刚建立，组名、口号等还停留在表
层，组名、口号还没有被组员解读与内化，小组团队的凝聚力还处在初
级阶段。此时主持人可以诱导各个小组团队在组长带领下解读组名，用
个性的方式展示自己的团队形象。为了让团队形象展示获得好的效果，

各个小组团队要进行彩排，主持人到各个小组团队指导，对表现突出的小组团队进行预演型的展示，为其他小组团队做原型启发。各小组团队在原型启发下定会有许多创意，最后的全班展示一定会精彩纷呈。

团队形象展示结束后，小组合影留下"全家福"照片。培训机构建立培训网站，在网站上设立论坛板块，为每一个小组建立网上家园，小组成员在培训期间把所思所想、培训感悟、学习交流、活动信息等发布在小组家园中。

【案例4－6】

团队名称和口号

北斗星·9组——头顶蓝天，脚踏实地！（中学地理组）

爱心微尘·7组——用心学习，用爱教育！（中学政治组）

从头再来·1组——将学习进行到底！（中学数学组）

沁园春·4组——问研修成败，看四组风流！（中学语文组）

点石成金·8组——化腐朽为神奇，化平凡为骨干！（中学化学组）

心中有数·2组——我学习！我精彩！我成长！我快乐！（小学数学组）

适者生存·6组——种瓜得瓜，种豆得豆！（中学生物组）

我心飞扬·2组——心有多大，舞台就有多大！（中学化学组）

凝思一族·3组——我们学习！我们实践！我们成长！我们快乐！（小学语文3组）

追梦·8组——超越自我，追求梦想！（小学艺术组）

山间小溪·4组——我们结伴而行，奔流不息，一路欢歌、畅想、反思、成长！（小学语文组）

‥‥‥‥‥‥

山间小溪组名解读：

我们这个组的成员来自宁静美丽、山清水秀的沐川和金口河等区县，山间小溪，叮叮咚咚，涓涓潺潺。它没有大河的澎湃，没有瀑布的磅礴，但它纤细中不乏刚强，柔和中颇具信念。它不怕山石的阻拦，不贪幽谷的清净，不恋百鸟的妩媚，毅然向大海昼夜奔流。坚毅执著是小溪的个性。我们结伴而行，一路欢歌、畅想、反思、成长。

（二）充分互动参与

集中培训让农村骨干教师充分参与到培训之中，使学习团队成员之间、学员与上课教师之间充分交流，团队与团队之间进行充分交流、碰撞，把专家引领、个人反思与同伴互助有机结合，使培训变得生动活泼，取得实效，为整个农村骨干教师成长研修的成长共同体建立奠定基础。

活动流程：组建团队—课后反思—墙上家园（网上）发帖—课前全班交流

活动策略：

A. 每一个专题讲座后都设置个人反思、学习感悟与团队交流活动，使专家的理论引领与学员的个人反思相结合，学员的个人反思与同伴的集体反思相结合，着力于认识的深入，为行为的改进奠定基础。

B. 充分发挥学员小组团队成员的职责，让他们轮流担任不同的角色。通讯员撰写培训通讯报道、及时发布学习活动的情况，组长组织各项交流活动，精彩帖子收集员负责整理本组精彩的观点，发言人代表本组成员在全班交流。

C. 引导学员在墙上家园写上即时帖和网上发帖，把对参训的感悟发表出来，并对别人的帖子进行评论，充分利用网络的小组网上家园突破时间、空间的限制，进行点评交流，相互学习。

D. 每天课前半个小时，每个小组推荐一名代表进行网上家园精彩帖子展示交流。展示交流的内容还包含通讯报道、培训体会、教育教学故事等。通过展示交流，小组成员间、团队间相互进行激发。

E. 评选优秀学员。把积极参加培训活动、发言积极、网上发帖交流数量多的学员选为优秀学员。

培训中的互动参与把反思与交流贯穿于整个培训过程之中，把培训和实际工作密切结合在一起，不是听完报告之后拍拍屁股走人。互动参与把改进措施的研讨、工作的研讨、思想的研讨、认识的改变作为培训中很重要的内容，互动参与实际上是学员全方位、全身心的参与。

三、激发专业精神

农村骨干教师是本地、本校教育教学相对优秀的教师，他们拥有丰富的教育教学经验，教育教学技能技巧比较熟练。在积累了较多教育教学经验，较熟练地掌握了教育教学技能后，一些农村骨干教师满足于已有经验，主动进取动力不足，发展缓慢；一些农村骨干教师由于环境及一些消极因素的影响，产生了职业倦怠，对工作缺乏热情，不思进取，停滞不前；一些农村骨干教师不了解教师专业成长规律，找不到成长的目标，不知道如何发展，对专业究竟能走多远心中无数。这些农村骨干教师已经进入了成长的高原期，他们在成长的高原期徘徊不前，终其一生无法突破。如何让农村骨干教师突破成长的高原期，成长为成熟型教师、专家型教师，已经成为农村骨干教师培训中必须解决的问题。

农村骨干教师的发展需要精神动力。教师的自觉意识和努力程度最终决定他们成长发展的状况。从教师自身生存与发展的角度切入，关注教师的职业人生幸福，使教师"从生计的驱使向生命的自由提升"，"由牺牲性的付出向主动性的创造提升"，教师专业成长才有力量源泉。因此，教师的成长需要点燃理想信念与追求，教给成长方法，激励他们挑战自我、战胜自我、超越自我，追求卓越，重塑专业精神，化外在的压力为内在的动力，主动发展，实现专业成长。

活动环节：榜样示范—专家引领—情境诱发

（一）榜样示范

榜样示范是以他人的高尚思想、模范行为和卓越成就影响、激励培训对象，促使其奋发进取，形成优良品质和专业精神的方法。这种方法的特点是把抽象的专业精神具体化、人格化，使教育具有很强的吸引力、说服力和感染力。可以邀请本地的名优教师讲述自己的成长故事，可以邀请城市名师讲述自己的成长经历，不同类型名优教师的现身说法能使学员受到极大感染，让他们感觉到名优教师就在身边，自己与名优教师有相似的潜能，只要有教育激情，认认真真地做好本职工作，坚持行动研究就能不断成长，就能成长为有幸福感的名优教师。

【案例 4－7】

成长快乐

我是一名普通的教师，也是一名快乐的老师！

我从村小一路走来，我自信、我快乐、我执著！今天，我没有豪言壮语，也没有高深精辟的理论，只想讲讲那些在我成长经历中曾经感动了我的小故事，和大家分享。

一、村小生活——单调、快乐

20 年前，充满抱负、满腔热情的我，带着埋怨，带着失落，极不情愿地走到了沐川县海云乡最偏僻的村小——青山小学。开学那天，有许多孩子围在办公室外看会说普通话的新老师。孩子们那纯真的心和渴求知识的眼神让我留了下来。因为他们需要我。

于是，在一间咯吱作响的木板楼上，我开始了自己的教学生涯。

当时，我教四年级语文。学生的阅读、作文能力特别差。为了激发学生的学习兴趣，提高学生的语文素养，我想了许多办法。我专程到 40 多公里外的犍为买回收录机用来辅助教学：放广播剧、儿歌和课文朗读录音给学生听，还为学生的朗读录音。为了拓宽学生的知识面，我千方百计让学生读书，还亲自到乡邮电所为学生订阅报纸、杂志（这里是煤炭之乡，家长不缺钱）。从此，《小学生学习报》、《红领巾》、《儿童文学》、《少年文艺》、《小学生作文选刊》等少儿读物也进入了村小学生的书包，村小孩子也可以不出门而尽知天下事了。我每两周去取一次书，来回需走两个小时的山路。记得那次取书途中遭遇暴雨，我淋得像落汤鸡，返回学校时天都快黑了，还要自己生火做饭，我心里好难过。但第二天看到孩子们捧着书如饥似渴地吮吸精神养料的情景时，我心里感到安慰。我认为我的付出：值！为了资源共享，我找来多个纸箱做书柜，让全班甚至全校的同学都来借阅。这样，尽管在那个年代，我的学生仍然不缺书读。学生的生活经验、语言积累、情感体验到位了，习作水平自然也提高了。

　　村小的课程很简单，整天都是语文、数学，上完就放学，音、体、美等课形同虚设。在我的强烈要求下，村上买了一台风琴。我开始正规地教学生识谱、唱歌，从此校园里有了欢歌笑语。但为此，我也付出了惨重的代价。由于不会科学用嗓，再加上每周28节课，有一天，我的嗓子突然间哑了，一句话也说不出来。一个多月后才渐渐好转，声音由此沙哑至今。

　　村小的生活确实单调、寂寞。一到下午，校园里便冷冷清清的，有时让你感觉度日如年。晚上更是吓人，月黑风高，鸟、猫、狗的叫声吓得我经常跑到附近的学生家借宿。有时，我就弹风琴壮胆，《葬花吟》、《送战友》……一曲又一曲、一遍又一遍，把离别惆怅、思念痛楚全都融入乐曲中，我常常弹得泪流满面。

　　为了改变环境，我努力让自己变得充实。我想：不管条件怎样恶劣，只要想得到的都要做到。于是，在教学上我大胆尝试，把辩论、演讲、表演、比赛引入课堂，还充分利用乡村资源优势强化作文训练。课余我教学生唱歌、跳舞、弹琴，和学生一起跳绳、踢毽子、捡子儿。放学后我学习种菜。看着地里的蔬菜苗壮成长，我心里自然欢喜。晚上，我看书做笔记。那时，魏书生的班主任工作、张玉仁的作文教学都是我学习借鉴的内容。有时我也去做家访（其实是被学生硬拽去的），主动帮助有困难的学生。有个叫钟会君的学生，因不小心腿摔成粉碎性骨折，和我同吃同住了两个月没耽误一天的学习，现在已为人母的她说起此事还很感激呢。

　　付出终有回报，两年后的毕业会考，我班的语文成绩名列全县前茅，29人有27人考入初中，我新颖的教学方法、优异的工作业绩在全乡（甚至全县）引起了轰动。同时，我应邀写的经验文章——《毕业复习方法谈》，居然在县级的《教学通讯》上发表了。一连串的成功让我欣喜，让我激动：我的努力没有白费，我的付出得到了回报。在探索中成长，我快乐！

　　机会往往垂青有准备的人。凭着我的努力和执著，两年后我被选调入海云乡中心校任教，担任语文教研组长。1998年，我又因工作需要调入黄丹镇中心小学，那里更给我提供了成长的沃土和展示的平台，让我在第一时间接触了更多新理念，有更多的机会走出去学习、提高。2005

年 8 月，全县公开招聘优秀教师，我以第一名的好成绩被选调入沐川实验小学。一路走来，虽艰辛，却快乐。

二、教学追求：执著、快乐

教育，要用心经营。经营需要智慧，正如比尔·盖茨所说："我成功因为我在刻苦工作，勤奋思考。"20 年来，我执著追求，不断探索有活力的教育。

（一）知识更新、厚积薄发

书籍是人类进步的阶梯。我一直喜欢读书、博览，如《思维创新与创造思维》系列丛书、《素质教育在美国》、《21 世纪父母、教师必读》、陶行知教育思想、苏霍姆林斯基教学思想、"新课标"及其解读、小学语文教学方面的报纸和杂志……我很崇拜特级教师，像于永正、贾志敏、支玉恒、窦桂梅等特级教师的教学实录，我都认真学习、模仿。我边读书边分类做读书笔记。喜欢的作文教学的理论和教学实例我收集了上百篇。我想：只有经常阅读，关注时代进步，才能与时代同步、与学生共同成长。

为学之道在厚积薄发，为教之道仍在厚积薄发。大量的阅读、积累让我的教学方法新颖、灵活。记得在去年的特级教师考核时，我就灵活运用了刚学到的"转换角度指导朗读、多种角色对话"的教法，得到了专家和同人的好评。

（二）教学探索、自主创新

教育要创新，需要用心灵去教育。在多年的教学中我发现，语文教学中最难的是作文教学。教师怕教，学生怕写。"新课标"倡导："写作教学要贴近学生实际，让学生易于动笔，乐于表达，要引导学生关注现实，热爱生活，表达真情实感。"根据这一理念，我大胆尝试，探索出了让学生轻松作文的捷径——"快乐即兴作文法"。

写活动作文：演讲、辩论、评报、社会调查、演课本剧、成语（古诗）大擂台、运动会、野炊郊游……各种活动比赛都是学生习作的好素材，活动后即兴作文，篇篇精彩，即使怕写作文的学生也有话可说。本期的辩论——"开卷是否有益"，学生针锋相对辩成平手，不服输，硬缠着我不放，要通过作文再比高下。作文中，那不同的视角、不同的体验，那鲜活的语言让人如临其境。

写生活作文：引导学生捕捉生活的精彩瞬间：偶发事件、新鲜事儿、校园变化、四季更替、节日习俗等都是好材料。《一支钢笔的官司》、《多彩的校园》、《感受雷雨》等，都是即兴捕捉的习作资源。"一千个读者有一千个哈姆雷特"，每个学生对同一事件都有着不同的体验与感受！我们来听听孩子们对雷雨的感受吧。"哇，好及时的雨啊！我家终于可以插秧了！""糟了，我妈妈今天一大早就上山坡去了，谁为她送伞啊！""我今天回家怎么过得了河呢？要是被大水冲走了怎么办呢？我还没长大，还没结婚生子，还没孝敬父母呢！"……保密作文、周记、轮流日记，方法多样，学生都兴趣盎然。

我每天快乐地欣赏着孩子们的作文，倾听着孩子们的心声，我乐此不疲。

（三）研究反思、升华感悟

灵感来源于课堂、来源于生活。在教学中，我善于总结成功和不足，坚持写"课后反思"或"精彩实录"，利用课余时间整理成小论文投稿或参赛。我还有一个习惯：和学生共同作文。学生写作文我就写教学感悟，完稿后我们互相倾听，互相指导，分别投稿。学生有数十篇文章在各类刊物发表，汪忠强的《沙尘暴自述》获得了全国小学生想象作文大赛一等奖。我善于捕捉身边的事例让学生即兴作文，并及时记录这鲜活的教学灵感。那次，由一个学生的迟到引出的辩论——"读书苦不苦"和作文都非常精彩，我以此为题材写的文章——《生活处处皆习作》先后被《乐山教育》、《四川教育》、《新作文·创新作文教学》刊发，得到了专家和同人的较高评价。后来，相继有《留住生活的精彩瞬间》、《"我真……"》、《老师，你不公平》、《校园边的枪声》、《老天赐予的灵感》、《语文·教材·生活》、《当不能干的班主任》、《真正的男子汉》等多篇文章获奖和发表。这些成绩让我懂得：研究其实并不难，只要我们做生活的有心人，注意积累和反思，一个故事、一次感受就是一篇文章，多个故事和感受合起来就是一本著作。（我已在准备写关于即兴作文方面的书呢）

在教学研究中，让我受益最大的是参加市级课题"山区中心校对村小教研的指导研究"的研究活动。研究中，我负责整个课题的组织、策划，并实施研究。四年的课题研究，我跑遍了全镇十个村小、上了多节示范课，撰写了各类研究报告，编成了课题成果集1本、学生优秀作文集8本。为了完成课题研究任务，我读了更多的书，作了更多的思考，提高了理论研究水平，也提升了自身业务素养。研究过程虽然艰辛，但是看到村小教师迅速成长，我感到很快乐。就这样，我在生活中观察，在探索中创新，在实践中总结，在反思中提升，形成了自己的教学风格。

（四）帮助他人、成就自我

无论到哪个学校，我都尽力帮助年轻教师成长。每次帮他们设计公开课，我都要查阅多种资料，帮助他们设计多种不同的教学方案，并反复听课指导。年轻教师实在有困难时，我还亲自示范上课。我手把手地带出了多个年轻教师，有多人在县、市级课堂教学比赛中获奖，并迅速成为教学骨干。"赠人鲜花，手留余香。"帮助他人，成就自我，共同成长，快乐大家！

三、心灵沟通，享受教育

当你倾心于某个事业的时候，无论成功与失败，都是一种享受、一种快乐。快乐是一种境界。我班学生有"心桥本"，他们每天写一句话，保密。我每周星期五送他们一句话。孩子们什么心里话都会写在"心桥本"上面，包括喜欢哪个男生（女生）。那童稚的语言真的让人忍俊不禁，让人感动。我们来听听："老师，你好久回来？我好想你啊！"（其实我是上午上了课才走的）"老师，我从你身上闻到了妈妈的味道，好香哦！""老师，我要去吃你做的饭！""老师，我要监督你是否随地吐痰！"……好纯真的话语，谁能不感动？我就每天乐呵呵地穿梭在教室、办公室和孩子们中间，乐此不疲，因为我很快乐。

最后，千言万语汇成两个字：感谢！感谢父母给了我健康的身体和会思考的头脑，感谢农村这块沃土给了我生命的养料，感谢乐山市教育局的领导给了我长见识和锻炼的机会，感谢孩子们带给我的快乐，感谢老师们来分享我的成长经历。

（四川省特级教师、沐川实验小学　叶俊芝）

（二）专家引领

专家引领就是通过讲授和与学员互动的方式，让学员认识专业成长的内涵与价值，引领学员进行专业成长分析和策划，鼓舞教师树立专业成长的信心。可以设置《教师专业成长策划》等专题，约请专家作讲座，使学员认识到自己处于专业成长的合格期或者突破期，作为农村骨干教师，要寻求专业突破，成长为有独特风格的成熟教师或教育专家是挑战自我、超越自我、实现人生价值的一种专业行为，从而增强成长的信心。

活动流程：专家讲座—专业成长策划—成长策划交流

活动策略：

A. 专家讲座要分析教师专业的特征、教师的专业成长规律，引导农村骨干教师明白自己所处的专业阶段，分析教师成长的心理，激发农村骨干教师的成长愿望，指导他们专业成长的路径与方法，增强农村骨干教师成长的信心。

B. 专家讲座结束后，主持人引导学员反思自我，进行初步的专业成长策划，形成文本。

C. 学员先在小组中交流成长策划，在此基础上选出优秀者在全班交流成长策划。

通过反思、策划和交流，农村骨干教师会深刻理解怎样去进行专业成长，为行动做好准备。

【案例 4-8】

教师个人发展规划

一、个人发展基础状态分析

个人概况：

年龄：39 岁

性别：男

职称：中学一级教师

教育教学工作年限：21 年

所教学科：政治（思想品德）

特长和爱好：上网

个人重要的教育教学研究活动以及发表的重要论文：若干篇，省、市、区均有获奖

个人的成长是一个过程，也是一种快乐。自 1987 年参加工作以来，已 20 年有余。20 多年来，在学校领导的关心，老教师们的指导、帮助下，我已从一个校园里的学生成长为一名合格的中学教师。要成为一名优秀的教师，就一定要让自己不断发展、不断进步。20 多年来，我思想上进，热爱教育事业，能全身心地投入教育教学工作；我接受新的教育观念快，具备一定的信息素养，具有一定的现代化信息应用能力，业务范围内工作管理能力明显提高，师德意识牢固树立，并多次被评为区、校级先进工作者。我也存在一些明显的不足，如教育教学技术、技能还有待提高，对个别问题学生的教育有时缺乏耐心与艺术性；学习上对自己有所放松，教育科研能力较弱，对教学的思考与研究还停留在较浅层面上；工作中思考不够，创造性地开展工作还有待进一步加强。

二、发展目标

总体目标：进一步提升自身师德修养，内强素质、外树形象；不断拓宽教育教学视野，完善专业知识结构；以人为本，改进教学方法和手段，适应课程改革的要求；提高业务工作能力，履行好教师职责，在现有岗位上有所提升。

1. 师德建设的发展目标：要加强自身的师德建设，有爱心，虚心学习，与学生交朋友，增强教师的服务意识，开展为学生服务的活动，使自己成为一名政治思想坚定、本领过硬、知识深厚、品格高尚、育人至上的高素质的人民教师。

2. 教学过程的发展目标：力争在 3~5 年内成为市级以上优秀骨干教师，在教学过程中形成自己个性化的教育风格，专业业务发展在全市范围内有影响。

3. 个人成长的发展目标：个人的发展离不开学校的培养，更离不开专业人士和专家的指导和引领。积极投身于新课程改革的活动中，争取每学年达标；坚持参加继续教育活动，尽快提高专业化水平；学习信息技术，具备最先进的教育理念及驾驭课堂的能力，提高自身素质，增厚文化底蕴；每一学期准备一节"公开课"，写一篇高质量的教研论文；认

真读书，写好教学反思，努力使自己的业务水平再上新台阶；进一步做好本职工作，力争在现有岗位和职级上有所提升和发展。

三、具体措施

1. 勤奋学习，树立终身学习的观念。不断学习教育教学理论和各种专业知识，提高自己的理论水平，增加自己的知识积淀；广泛阅读各类有益的书籍，丰富自己的知识结构，提高自身的综合素质。

2. 注意倾听学生的心声，真正站在学生的位置上观察和思考问题，使教学更符合学生学习的需要。

3. 积极主动地与同事密切合作，认真听课并做好记录，积极借鉴同行的优秀经验。

4. 认真反思，把工作与思考结合起来，在思考中工作，在工作中思考，创造性地开展工作，及时积累专题学习和研究的第一手资料，每学期写1～2篇学习心得。

5. 尝试进行日常教学案例的分析，多写教学随笔，学期结束时能写出较好的教学案例1篇。

6. 建立自我成长档案，提高专业发展水平。具体内容包括：发展规划、年度计划和实施小结、教学反思、学习心得、研究论文、案例分析、教学设计、荣誉证书等。

7. 开展教育科研活动。通过问题研究和撰写论文，把自己的专题研究从实践层面提升至理论层面。不断提高论文质量，每学期至少完成1篇论文，并争取在市、区以上活动中获奖。

（五通桥区牛华中学　邓忠泽）

（三）情境诱发

情境诱发就是创设一定情境，营造成长氛围，诱发并激励学员成长。把激励学员"挑战自我，追求卓越"的理念贯穿于整个学习活动中。每天都有精彩活动回放，把学员当天参加学习活动的情景照片用多媒体的方式展示，配以抒情而富有激励性的轻音乐，辅以主持人鼓动性的即兴评价。学员看到自己互动交流学习的身影，听到激动人心的音乐、主持人鼓动性的点评，感到自己已经是一个能挑战自我、超越自我、战胜自我的人，已经是一个教育的理想主义者，已经是一个为了自己、为了学生、为了教育，能够克服重重困难，去创造美丽的教育神话的人。哪怕这种追求永远是不可能实现的神话，但过程依然是美丽的、有人文价值的。

四、引领成长方法

农村骨干教师的成长仅靠激情不行，还需要理论支持，还需要科学方法的指导，依托专家理论讲座、典型案例分析、互动参与，让参训教师感到成长有规律可循，可设置五个专题来引导骨干教师解决成长方法问题。

（一）教育新观念习得

农村骨干教师的成长需要教育观念的更新与支持。大多数农村骨干教师在教学实践和专业发展过程中，受传统教育思想和工作压力过大的影响，往往循规蹈矩或无力创新，他们缺少教育新观念。

教师的教育观念是指教师基于对发展和教育现象的认识而形成的基本观点和看法。教师的教育观念是一个系统的结构，它包括教师对学生、学科、教学以及教师自身作用等的看法。教师的教育观念有不同的层次和水平。有人把教师的教育观念分为四个层次：一是理想的教育观念，即由一些教育机构、学术团体和教育专家提出的教育观念；二是正式的教育观念，是由教育行政部门提倡的教育观念；三是领悟的教育观念，不同的教师对相同的正式教育观念可能做出不同的理解与解释，因而他们领悟的观念也有所不同；四是运作的教育观念，即在教育实践中实施的教育观念。由于在教师教育实践中，会受到多种因素的影响，教师实际领悟的教育观念与他们所实施的教育观念之间就会有一定的差距。

教育观念对教师的影响是巨大的。

1. 教师的教育观念影响教师的认知

教师的教育观念对教师的认知过程，包括知觉、记忆、理解、演绎推理、问题表征和问题解决等有重要影响，教师的教育观念对教师在课堂中的信息感知和加工起到了指导性的作用，在教师界定行为、组织知识和信息的过程中扮演着关键角色；教师的教育观念对教师的认知有重要影响。

2. 教师的教育观念影响教师的教育行为

影响教师教育行为的因素是多方面的，教师在决定所要采取的行为时，更多时候是受主客观多种因素的综合影响。

客观而理性地审视教师教育观念的作用，对于教师的教育教学实践和教育改革具有重要的意义。教师的教育观念对教育工作中的计划、决策和行为都具有重要影响，因而它对教师的教育教学效果和学生发展具有不可忽视的作用。教育改革呼唤"教师教育观念的更新和转变"，但教师教育观念的转变，尤其是内隐观念的转变，是一个相当困难的过程，教师的教育观念与教师素质的其他构成部分有着千丝万缕的联系，因此我们要在转变教师的教育观念上做坚持不懈的工作。

在农村骨干教师培训过程中，一方面要注重新的教育观念的引进，注重农村骨干教师对自身已有观念的反思，引发已有观念与社会倡导观念的冲突，使农村教师观念的转变成为可能；另一方面，要把转变教师的教育观念与农村骨干教师其他方面的提高相结合。农村骨干教师教育理论和教育知识的丰富、增加，教育实践能力的提高，职业道德的提高，都有助于农村骨干教师对新的教育观念的感悟、体验和理解。

在农村骨干教师培训过程中一定要体现"以教师为本，以发展为本"的思想，充分调动他们学习理论、走近理论的积极性，挖掘教师教育科研的潜能，让他们走进理论、诠释理论、应用理论，融学、做、用为一体。

活动流程：理论研读—专题讲座—教育观念反思—全班交流

活动策略：

A. 指定骨干教师阅读教育理论专著，列出相关书目，如在集中培训时要求研读教育理论专著达到一定数量并撰写学习感悟、体会文章，对照理论进行反思。

B. 聘请教育专家进行教育新观念、新理论的讲座。学员对照理论反思自我。

C. 学员在自我反思的基础上进行小组交流。小组代表进行全班交流。

在农村骨干教师集中培训的时候，通过理论研读、教育观念反思与研讨、专题讲座等形式，激起农村骨干教师强烈的忧患意识，从正面唤醒农村骨干教师理论联系实际的意识，迫使他们特别重视教师成长过程中基础教育理论的学习和运用，引导教师学习、了解、认识、寻找教育教学新理论，形成教育思想，逐步建立自己的教育教学和成长的理论体系，指导教育教学实践，探寻教育创新，实现专业成长。

【案例 4－9】

教育的理想与理想的教育

教育是神圣而崇高的，教育是育人的事业，教育的使命让人从无知走向睿智，从幼稚走向成熟，教育的最高境界是逐步形成自我教育的人格。

教育需要激情，需要全身心投入与无私奉献；教育需要诗意，需要洋溢着浪漫主义的情怀；教育需要机智，需要把握每一个转瞬即逝的机遇；教育需要活力，需要以年轻的心跳昂奋地工作；教育需要恒心，需要毫不懈怠地追求与持久探索；激情、诗意、机智、活力、恒心的源头活水是崇高理想。

理想也是神圣而崇高的，理想是行为的动力，理想是人与动物的界限，理想使人成为世间万物之灵，理想是伟大与平庸的分野，理想使人与众不同。

理想产生激情，激情使理想的主旋律铿锵有力；理想产生诗意，诗意使理想的调色板光彩照人；理想产生机智，机智使理想的追求充满智慧的美感；理想产生活力，活力使理想的实现拥有了源泉；理想产生恒心，恒心使理想的探索成为快乐的进程；激情、诗意、机智、活力、恒心使理想变为美好的现实。

教育因为有了理想而更有目标，更有理性。教育的理想是为了一切的人，无论是城市的还是乡村的，富贵的还是贫贱的，聪慧的还是笨拙的；教育的理想是为了人的一切，无论是品德的还是人格的，生理的还是心理的，智力的还是情感的。

理想因为有了教育而薪火相传，色彩斑斓。理想的教育是个人潜能的发挥，让每一个学生扬起希望的风帆，让每一个教师领略教育的趣味，让每一个父母享受成功的喜悦。理想的教育是民族利益的福祉，让每个人接受从生到老的全程教育，让每个人体验到地球村的美景佳色，让每个人生活在宁静与和平的永恒时空。

教育的理想要坚持面向现代化，引入现代观念和技术，领略网络教育的无限风光；教育的理想要坚持面向世界，融入世界教育的大潮，与世界教育的脉搏一起跳动；教育的理想要坚持面向未来，捕捉地球上每个角落的信息，迎接新世纪的晨曦。

理想的教育要有舆论支持，营造一个全社会尊师重教、理解和支持教育的氛围；理想的教育要有经费投入，确保超前增长与合理使用，为可持续增长保驾护航；理想的教育要有立法保障，建立完整的教育法体系，创造良好的教育法制环境；理想的教育要有科研指导，发挥决策、解释、批判和辐射功能，步入科学轨道。

在新世纪第一缕阳光投来的时候，我们需要教育的危机感和忧患意识，只有对未来有忧患意识的民族，才会奋力拼搏，战胜危机，摆脱困境；我们需要教育的自信心和崇高理想，只有对未来有崇高理想的民族，才会消除恐惧，抛却悲观，乐观地拥抱未来。

教育的理想与理想的教育都需要创新，创新是一个民族进步的灵魂，是国家强盛的动力，是人才成长的基因。我相信教育的理想一定会奏响中华民族新的乐章，我相信理想的教育一定会结出华夏文明新的硕果。

（朱永新）

（二）新教学模式建构

教学模式是依据教学思想和教学规律而形成的在教学过程中遵循的比较稳固的教学程序及其方法的策略体系，包括教学过程中的诸要素的组合方式、教学程序及其相应的策略。教学模式与教学方法有联系，但模式不等于方法，它与我们平时说的讲授法、谈话法、演示法等不属于同一个层面；模式不是一种计划，计划只是模式的外在表现形式，否则，教师的备课教案、学校的工作安排都可以称为模式了。教学模式是一种教学原理结构形式，但它与教学理论比较起来，更加接近于教学实践，是一种简约化的教学理论表达形式，又是对教学经验的概括。

任何教学活动都存在于一定的空间和时间之中。在空间上，教学活动表现为根据一定的教学理论、教学目标，确立教师与学生的地位与相互关系。在时间上，教学活动表现为如何安排教师的教与学生的学的活动。因而，教学模式应从基础理论或教学思想、教学目标、操作序列、师生角色、教学策略及评价等方面来认识。每种模式的建立都需要一定的教学思想及教学理论来指导。懂得了其思想内涵，我们就把握住了精髓，明白了研究的方向。

教学模式总是为达到特定的教学目标而设计的。教学目标指的是模式所能达到的教学效果。教学目标是教学模式的核心因素。明白了教学模式要达到的教学目标，我们就会有的放矢地去工作，科学、准确地制订教学计划等。

任何教学模式都有其操作序列，它具体确定教学中各步骤应完成的任务，师生先做什么、后做什么等。因此，只有把握好教学步骤，才能在课堂上有条不紊、从容镇定地开展教学活动。

教学活动犹如表演活动，教师与学生在操作序列中扮演着不同的角色，它体现了师生在教学活动中的地位。

教学策略是用来表示为达到某种预测效果所采取的各种教学行为的综合方案，它是实施教学过程的基本依据。只有明白了教学策略，才能有针对性地选择教学方法与教学方式。如"互动"策略，通过师生、生生、组组、生组间的互动完成教学任务；以全员参与、全程参与、差异参与为特点的"积极参与"策略，体现了学习过程的主体参与性；激情的课堂，生命的课堂，师生之间情感交流，极大地调动了学生学习的积极性，师生互动、人人平等、教学民主，因而采用了"情感交融"策略；学生交流十分充足，又体现出"人际合作"策略。从教学方面看，虽然体现的是以学生为主体的自主学习、合作学习、探究学习，但教师的作用从未被忽视，教师起着组织、指导、引领、总结、提升等作用，师生之间是默契配合进行教学的，体现着"教学相辅"策略。另外，在教学中应用"即时反馈矫正"策略，在自学阶段应用"尝试成功"策略……总之，教学策略和方式多种多样，只要有利于教学我们就可以大胆尝试。

对模式的评价态度是：只要适合教学实际，那么这些模式都是好的，都应该吸纳创新；如果感到不利于我们提高教学质量，就要主动去修改、完善它。任何一个模式都不是尽善尽美的，都有其应用的环境和条件。

由此可以看出，一个模式蕴涵着丰富的教学理论和智慧，它是教学实践与理论的有机结合体，驾驭它不仅需要一种热情和勇气，而且需要具备相应的科学理论和一定的教学实践经验积累，还要经过一个认识、实践、再认识、再实践的过程。只有通过不断学习与实践，才能使各种模式不断完善。

让农村骨干教师教学建模，就是要求他们更加理性地认识教育教学，在广泛的教学模式借鉴中、在教学模式提炼中形成个性教学风格，在创新教学模式中实现专业成长突破。在学习借鉴教学建模过程中，可以把专家引领与一线教师示范相结合，邀请专家介绍新教学模式建构的方法，聘请本地开展教学模式建构研究已经取得成功经验的教师作教学模式建构范例展示，使学员切实学到教学建模的方法，体会到教学建模是实现专业成长的理想之路。

活动流程：专家讲座—一线示范—提炼模式—模式展示

活动策略：

A. 专家讲座——聘请对教学模式建构有研究的专家介绍新教学模式建构的意义与具体方法，让农村骨干教师明理知行。

【案例 4－10】

查有梁教授关于教学建模的 10 条建议

1. 打破教学建模的神秘感，每位教师都可自主建构教学模式。

2. 新课程、新标准、新教材，需要建构新的教学模式。

3. 从古至今，在实践中行之有效的教学模式仍然有效。例如孔子的"启发"式、《学记》的"善喻"式。

4. 采用"原型→模式→应用"的方式建模，即"实例→模式→实例"的方式建模。应用这个公式，听一节课，就可建构一个教学模式。

5. 听一节课，先记下教学过程，再找出特点和取一个恰当的名称。

6. 找出这一节课教学的关键词——要简明、鲜明、有变化。

7. 记录教学过程时，要撇开具体内容，小步抽象概括，概括要相对准确。

8. 在小学课堂教学中，每一教学阶段是一个"节目"，不宜过长或过短，大约 5 分钟，每节课的"节目"6～8 个。

9. 教学建模是一种有效方法，能促进教学创新。

10. 教学模式是多种多样的，教学建模是灵活变化的。要通过教学实例去建构教学模式，从而领悟出怎样建构教学模式。

B. 一线示范——聘请本地开展教学模式建构研究已经取得成功经验的教师作教学模式建构范例展示，使学员学到教学建模的方法，更体会到教学建模是实现专业成长的理想之路。

【案例 4－11】

谈教学观和教学建模

一、引言课教学模式的建构

1. 建模目的

通过引言课，丰富哲学课教学的内容和形式。为学生学习马克思主义哲学做必要的铺垫，同时使学生对学习哲学产生一定的兴趣，对学习人文科学知识产生一定的兴趣。为学习教材、最终为培养学生的哲学素养、人文素养起引领作用。

2. 确定引言课教学模式的标题

引言课是针对高中理科班学生对学习哲学缺乏兴趣而创设的。它以故事启蒙学生，打开学生的视野；以问卷调查贴近学生，深入学生的内心。由此建构出"故事—调查"的引言课教学模式。

3. 引言课教学模式的特征

特征之一：生动形象，教学有吸引力；

特征之二：贴近学生，教学有针对性；

特征之三：开放涨落，教学呈有序性；

特征之四：寓庄于谐，教学有思想性。

4. 引言课教学模式的简要表述

引言课"故事—调查"教学模式，是指在理科班学生学习哲学教材之前，由教师自主安排一个教学时段，以故事启蒙学生、以问卷调查和反馈贴近学生，消除学生对学习哲学的迷惑和彷徨，从而使学生对哲学学习产生亲近感和求知欲的一种教学模式。

5. 引言课教学模式实施的基本过程

第一节课：故事—问卷—故事

第二节课：问卷反馈—学长进言

第三节课：提出学习要求—教师教学设想—推荐课外读物

第四节课：介绍整体学习方法—提出学习问题—问卷反馈—"整体"读书

6. 引言课教学模式的效果

A. 学生基本能静心读教材。

B. 学思结合：课后提问踊跃。

C. 学用结合：①时事报道开始运用哲学观点；②参加辩论自觉拿起了哲学武器；③把哲学观点迁移到其他学科的学习中；④期末考试，有学生主动选择写哲学小论文。

D. 影响了校园文化生活。

7. 从学生的哲学论文看学习效果

《从 2007 年对民生问题的关注看哲学的运用》

《浅谈马克思主义的人文性》

《怀疑——哲学之根本》

《哲学的进化》

《关于幸福》

《生命的梦与醉——小议尼采日神、酒神哲学》

二、时事报道课堂教学模式的建构

1. 建模目的

主动全面完成思想政治课教学任务，丰富课堂教学内容和形式，坚持理论联系实际的原则，培养青年学生基本的人文素养。这是建构时事报道课堂教学模式的根本目的。

2. 确定时事报道课堂教学模式的标题

时事报道是思想政治课教学的有机组成部分，但有别于正规课堂教学，是教师讲授教材内容之前的一项教学活动，故取名为"时事报道为先导"的教学模式。

3．抓住模式特征

特征之一：学生主体性、自组织性突出；

特征之二：教学理论联系社会生活实际突出；

特征之三：学生全面应用所学知识，提高思维能力突出。

4．简要表述

"时事报道为先导"的教学模式，是指在一堂课的教材内容讲授学习之前，有5～8分钟的时间，由学生自主选择国内或国际重大时事内容进行报道，并尽量根据所学知识评述时事，教师做适当点评，然后进入教材学习的一种教学模式。

5．模式实施的基本过程

学生自组织—学生报道时事—学生评述或讨论—教师点评—进入正课

6．形成子模式群

（1）初中"时事报道为先导"教学模式。特点：培养关心时事的习惯，引发兴趣和思考。

（2）高中理科班"时事报道为先导"教学模式。特点：实施中弹性较大。

（3）高中文科班"时事报道为先导"教学模式。特点：强调规范性，强调所学知识的准确运用，强调一定的思想深度，强调与高考要求挂钩。

7．建模评价（学生）

A．大家都很放得开，而且思考深刻。

B．将哲学知识融入分析时事，体现了对所学知识的运用。

C．联系时事和哲学知识，有助于更好地理解所学书本内容。

D．平时读报时应该多思考，学会总结和评价。

8．建模评价（教师）

A．生生互动，师生互动突出。

B．学生在发现问题、提出问题、分析问题、解决问题过程中逐步提高了科学思维的能力。

C．人文素养逐步提高。

D. 学生欢迎这种实用的教学模式。

三、我在教学建模中的收获

1. 进行教学建模的前提是热爱教学、喜欢钻研。这是不能"踩假水"的事情。

2. 通过建模，明白自己的教学行为是什么、教了什么、有什么长处和短处、应该坚持和改进什么。

3. 提高了教学水平和质量，增强了教改的自觉性。

4. 由于教学模式介于理论与实践之间，建模总要运用一定的理论，因此有效地推动了理论学习、提高了运用理论于实际的能力。

5. 建模是多方面的：前言课、正课、活动课、新课、复习课……在不断探索总结中，有了量的积累，逐步形成了自己的风格。

6. 建模的过程是专业成长的过程。自己能感觉到驾驭课堂的能力、教学科研的能力，从稚嫩逐渐走向了成熟。

7. 因为有建模意识，对有新意、有良性反馈的课堂就有了建构模式的直觉敏感，有了抓住模式特征的能力。

8. 模式是可以借鉴的，让同行朋友分享自己的研究成果，心中是喜悦的。

（成都七中　曹宝静）

C. 提炼模式——根据专家关于教学建模的理论，参照其他学校教学建模的经验示范，引导农村骨干教师反思自己的教育教学实践，每人至少归纳出一种常用教学模式来，使学习的理论能够内化，不断建构，形成自己学科的教学模式，形成具有自身特点的教学风格，使日常教学更具有理性。

D. 互动展示——小组内交流自己的教学模式，每组选拔一名学员参加全班的交流，专家对小组代表交流的教学模式进行点评，逐步使农村骨干教师掌握教学建模的方法，在教学工作中建构自己的教学模式，丰富、完善教学模式，形成独特的风格，实现专业成长。

（三）教育研究与成长

"教师即研究者"已成为教育界乃至全社会普遍认同的理念和努力追

求的目标。农村骨干教师要实现专业成长，应该树立教育研究意识，掌握教育研究方法，坚持教育研究行动，以参与者而非旁观者的身份进行研究，把自己"摆进去"，聚焦自己特定教育教学情境的经历、体验与感悟，描述自己在教育教学生活中实际的遭遇、困惑与迷茫，以及尝试理解、诠释与解决教育教学问题的经历，对自己生存、发展意义的不断探寻和叩问。农村骨干教师有了教育科研作为助推器才可能真正地成长起来。

农村骨干教师要成为研究者，关键是要树立研究意识，掌握研究方法，具备一定的研究能力，坚持开展研究行动。为了达到此目的，在前期集中培训时，运用"专家讲座—研究训练—确立研究课题"的模式，不仅使学员明白研究的道理、掌握研究的方法，而且通过实质上的参与训练提升研究能力。

1. 专题讲座——初步形成研究意识

教师参加教育科研是新时期教育的重要形式和重要措施。但是，现实中的教师教育研究的主体地位往往被教育理论研究者极大地忽视。更为可悲的是不少教师的自我研究意识已经丧失。教师只有增强教育研究的信心，激发对教学生命和生活意义的追寻与感悟，才能获得解决教育实际问题的创新与超越。

这就要求教师应养成积极主动的研究意识。只要教师具有作为研究型教师的精神风貌，乐于并习惯于教育研究，就能使自己脱身教书匠的角色定位，形成研究型教师所应有的精神动力。在此理念的推动下，教师会主动地学习教育理论，以科学的方法指导自己的教育教学实践，以正确的教育技术手段解决教育问题，使教育活动焕发出蓬勃的生机，使教育过程成为一个常研常新的过程，教师的研究能力也在此过程中得到全面的提高。

活动流程：专家讲座—反思—分享体会

活动策略：

A. 专家讲座从案例入手，分析农村骨干教师成为研究者是时代的要求，是自身发展、人生价值实现的需要；然后介绍适合于农村骨干教师的研究方法，教学中的问题就是课题，突破教学难点，寻求解决方法就是研究，使学员理解教师的成长离不开研究，农村骨干教师要实现专业成长必须成为研究者。

B. 农村骨干教师结合自己以往的教育教学行动，反思自己曾经从事过的研究，结合专家讲座，写出自己的体会。研究意识的形成应该在农村骨干教师已有经验基础上建构，反思过去的研究行为是为了更好地把专家介绍的观点和做法内化为学员的观点和经验。反思能激活学员的主动思考意识，反思能促进学员的意义建构。

C. 内化了的教育研究理念应该进行分享。不同的农村骨干教师有不同的经历、不同的个性。同样是听专家的报告，他们对教育研究的理解却是不一样的。分享学习体会就是分享不同教师对教育研究的理解，分享不同教师的教育人生。分享体会能使学员们互相启发，学到知识，形成研究意识，增强研究的信心。

2. 研究训练——培养发现、分析、解决问题的能力

教育研究的过程是基于现实的教育问题，寻求一定的理论指导，结合教育研究方法与手段，以解决一定的教育科学问题为宗旨的过程。因此农村骨干教师的教育研究能力提升也应围绕发现问题、分析问题、解决问题的教育研究的过程而构建起来。

活动一：寻找有价值的问题

组织农村骨干教师反思自己的教育教学实践，小组团队一起寻找有价值的问题，初步形成农村骨干教师的问题意识，训练农村骨干教师的问题定向能力。

活动流程： 学员讲述教学苦恼引发问题——学员列出自己教学中的问题——小组交流问题——形成小组认为最有价值的问题——全班交流——板书公布问题

此活动的关键是在教育现象的困惑中定向问题，基于学员的教育教学实践提出问题，提出的问题通过教师自身的努力有可能得到解决，有可能解决的问题才是有研究价值的问题。

活动策略：

A. 事先物色有困惑的农村骨干教师讲述故事，由故事提出问题，引发其他学员的共鸣。

B. 小组组长组织成员反思，每人必须写出两个问题。个人的自我反

思，提出问题，为小组交流奠定基础。

C. 组长组织小组内交流，组员依次发言，先提出问题，后描述现象，可以问题相同而现象不同，记录员做好记录，最后确定小组共同认为最值得研究的问题。

D. 全班交流时，运用循环的方式，每组依次说一个问题，相同问题不再重复。

E. 全班选择一个记录员在黑板或者大白纸上记录下全班交流的问题。

F. 主持人要注意个别指导与鼓励。

【案例 4－12】

关于班级管理的一些问题

1. 怎样教育长期不完成作业的学生？
2. 怎样批评学生？
3. 怎样培养学生的行为习惯？
4. 怎样教育屡犯错误的学生？
············

教师的教育研究始于对教育问题的定向，问题定向能力就是教师确定科研选题的能力。目前教育科学研究的发展趋势之一是研究的重点向现实问题的转移。这表明现实的教学应是教师开展教育研究的主战场。教师位于教学实践的第一线，是种种教育问题的第一目击者，而教育问题往往潜藏在教育活动当中。透过纷繁复杂的表面现象，在大量的教育问题中准确地捕捉有研究价值的问题，是开展教育研究的第一步。

本培训活动，通过头脑风暴与小组团队互动等形式，农村骨干教师可以在充分挖掘教育问题和思维碰撞中提升问题的定向能力。

活动二：分析问题

主持人引导学员梳理问题、提炼问题，把相似的问题归为一类，把大问题尽量细化为若干小问题，追问问题的表象，引导大家一起来分析问题背后的原因。此过程需要主持人具备一定的教育理念，能引导农村骨干教师用教育理论来解释教育现象。

活动流程：主持人引导归纳梳理问题—学员描述个别问题现象—分析个别问题出现的原因

分析问题的能力是指教师在一定的教育理论指导下，分析自己的教学实践，又以教学实践为参照，来分析检验教育理论的能力。教育问题的出现有其必然的因果关系。人们往往最先看到的是外显的教育问题，而研究者所要探求的是教育问题的"因"。缺乏严谨而正确的教育理论依据是教师们面对教育现象和问题"百思而不得其解"的原因所在。现阶段教育学蓬勃发展带来的教育理论的丰富与深刻为科学地分析教育问题的"因"提供了可能性，教师的经验主义的教学实践与问题解决方式完全可以让位于科学的教育理论指导下的合理实践，对教育问题的分析也应借助于教育理论来理清其脉络，认准其核心。

活动三：寻找解决问题的策略

发现问题是为了解决问题，农村骨干教师们在自己的工作中凭经验总有一些解决问题的策略，只不过这些策略或许比较单一，或许不够完美。许多教师解决教育问题并没有系统的理论依据，而是凭观察去发现问题，凭经验去分析问题，凭感觉去解决问题。这种简单的直线式的教学实践使其工作的低效在所难免。寻找有效解决问题的策略需要深度思考，需要广泛借鉴，需要同伴之间相互碰撞。

活动流程：主持人引导骨干教师聚焦问题—分组寻找问题的策略—每人写出有效策略—小组形成策略—全班交流并形成集体策略—优化策略的细节—主持人点评

活动策略：

A. 由学员来确定准备研究的问题，最好将问题聚焦在2～3个上面，主持人只作引导。

B. 3～4个组研究一个问题，以便寻找的策略丰富而又有差异。

C. 个人反思，每人寻找出1～2个策略。

D. 由组长组织交流，组员依次说出策略，小组形成3～5个有效策略。

E. 全班交流时，主持人把各组的策略归纳出来，用简洁的词语板书，研究相同问题的小组依次说。

F. 主持人点评寻找出的问题策略，更要点评寻找策略的过程，让学员体验到团队学习的好处。

寻找解决问题的策略是为了让学员体验寻找策略的过程，培养解决问题的能力和协同合作的能力。农村骨干教师平时虽然大多是独自面对教育情景，独自面对教育问题，但这些教育问题因其教育环境、教育对象的整体统一而具有一定的共性。因此，农村骨干教师通过这种团结起来共同参与对教育问题的研究过程，能够形成一种研究的群体气氛，促使自己以后更多地运用这种研究方式，最终实现农村骨干教师群体向研究群体转变。每一个农村骨干教师在知识、能力、技术等方面各有所长，不同的知识能力结构、不同的思维方式、不同的研究风格可以异质互补。农村骨干教师一旦学会运用团队的力量寻找解决问题的策略，必将找到研究的方法，体验到研究的快乐。

教师教育研究能力的形成不能一蹴而就，教师的教育研究活动应遵循一套科学程序，提高教师的教育研究素养，培养教师的教育研究能力是一个长期积累的过程。这需要以精深的专业知识和综合的教育科学知识为基础，更需要通过实践行动来练就。农村骨干教师通过专家引领明白了教育研究的重要性，知道了教育研究的方法，通过团队的合作初步训练了教育研究的能力。他们知道要成长就必须做研究的实践行动者，他们需要在研究中构建起自己的实践智慧。

（四）行动研修方法

农村骨干教师成长的关键还是在于行动。行动研修的本质就是要通过实践促进教师专业成长。研就是研究，修就是修行。教师在研究中去认识教育规律，在研究中去解决教育教学中的实际问题。教师在行动与研究中不断修正自己的教学行为，使教育教学实践更加有效、更加艺术，进而实现自我的完善。行动研修实际上是农村骨干教师在自己的岗位上学以致用、"做中学"。行动研修不仅是集中培训时对农村骨干教师的一种成长方法指导，更是整合了以上成长方法后的一种具体行动策略，是分散在岗研修的具体行动。行动研修将成为农村骨干教师成长研修培训模式的一个阶段。

活动流程：专家讲座—布置任务—学员规划—分享规划

活动策略：

A. 培训者要认识到农村骨干教师既是研究者，也是行动者，行动研修的本质就是把研究与行动改进相结合，使骨干教师明确培训是一个系统工程，集中培训仅仅是整个培训的开始，行动研修是培训的重要组成部分。

B. 培训者要帮助农村骨干教师明确行动研修的具体任务，包括阅读教育理论专著、开展课题研究、指导青年教师、送教下乡、开设专题讲座、上公开课、上示范课等。培训者要给农村骨干教师分析各项活动的意义和要求，特别要强调农村骨干教师在行动研修中认识教育、完善教学、完善自我，在行动研修中成长。

C. 学员根据行动研修的方法初步规划自己在一段时间内的行动方案，要注意结合实际进行设计，注意方案的可行性。

D. 学员在小组内依次交流行动方案，每组一个代表在全班交流，学员在交流中明确行动研修。

（五）远程研修方法

远程研修是依托网络资源对农村骨干教师进行培训的一种形式。丰富的网络教育信息资源可以给农村骨干教师必要的专业信息支持。远程研修是农村骨干教师成长研修培训模式的一个阶段，它紧接在集中培训之后。集中培训时的任务是做好远程研修的动员，引导农村骨干教师注册，对农村骨干教师进行远程研修方法培训。

活动流程：演示网络资源—引导注册—讲解远程学习方法—学员练习

活动策略：

A. 培训地点设在与互联网接通的微机房。

B. 让各学科课程辅导教师、班主任与学员见面，建立相互联系的方式。

C. 展示网络资源网站上经典的学习视频、文本、练习，让学员感到网络上能给他们很好的专业支持。

D. 详细演示学习方法。

E. 学员上网练习。

远程研修紧跟在集中培训之后，具体研修方式见第五章。

通过以上新教学模式建构，教育研究方法的学习与训练成长方法的指导，行动研修方法的指导和远程研修方法的操作训练，骨干教师感到成长有路可寻，有规律可循，增强了实现专业成长的信心，为成长研修下一阶段学习奠定了基础。

五、培训小结，布置任务

集中培训是对农村骨干教师精神与方法的引领，集中培训重在激发农村骨干教师成长的热情。在第一阶段培训即将结束时，应该进行小结，布置远程研修与行动研修的任务，为行动研修奠定基础，促进农村骨干教师不断学习、不断实践、不断提升、不断成长。

【**案例 4－13**】

乐山市小学市级骨干教师培训安排

第一阶段：集中培训（地点：市师训中心）

时间			培训内容	主讲或主持
一班	二班			
2007 年 5 月 31 日	2007 年 6 月 7 日		报到	
2007 年 6 月 1 日	2007 年 6 月 8 日	上午	9：00 开班典礼	局领导
			9：30 异质分组，文化建制	万新、许泽能
			10：00 特级教师：成长快乐	叶俊芝
			11：00 特级教师：做理智的教育实践者	曹华忠
		下午	2：30 名师讲座：教育科研与教师成长	林 宾
			4：30 互动交流：我从事过的教育研究	许泽能

续表

时间				培训内容	主讲或主持
一班	二班				
2007年6月2日	2007年6月9日	上午	9：00	专家引领：新教学模式建构	查有梁
			11：00	一线经验：建构模式超越模式	李　智
			11：30	互动交流：我的教学模式	许泽能
		下午	2：30	专家引领：教师专业发展策划	刘远胜
			4：30	互动交流：专业成长构想	许泽能
2007年6月3日	2007年6月10日		9：00	远程研修方法与操作 行动研修方法与要求	万新、许泽能
				第一阶段结业典礼	

第二阶段：远程培训（地点：任职学校）

时间	培训内容		主讲或主持
2007年6月至9月	参加全国网联远程网上学习	学员学习	省市辅导员
		教师反思能力训练	
		相关学科课程	
		自选课程	

第三阶段：行动研修（地点：任职学校）

时间	培训内容	主讲或主持
2007年9月至2008年12月	行动研究，建构课堂教学模式	市师训中心、任职学校
	在乐山教育论坛发表模式研究进展情况、教育叙事文章、讨论	
	在县（校）开展专题讲座、上示范课	
	培养青年教师	
	跟踪指导	

培训任务

1. 集中培训：积极参与小组与全班讨论交流，每个专题至少发一个帖子，积极参与对他人帖子的评价。

2. 远程培训：完成培训任务，取得远程培训合格证。（必修"学生学习"、"教师反思能力的培养与训练"和本学科课程共三门）

3. 校本研修：①开展行动研究，构建一种以上有效的教学模式。②一个周期内完成教育叙事文章20篇以上。③一个周期内在乐山教育论坛发帖交流不少于30帖。④小组每两个月编辑一期学习简报。⑤培训一名以上青年教师。⑥开展两次专题讲座。⑦上两节以上示范课。⑧研究过程与成果在乐山教育论坛上交流。

【案例4-14】

路漫漫其修远兮，吾将上下而求索
——乐山市市级骨干教师培训心得

2007年6月1日，我非常荣幸地参加了市级骨干教师集中培训，接下来的两个月又参加了暑期远程培训。这是我任教十多年来所有学习培训中，给我留下印象最深刻的一次。3个月下来，我习惯了读书，习惯了网上学习交流，更习惯了接受新的观念。我每天的感觉是幸福而又充实的，因为几乎每天都能感受到思想火花的碰撞。通过学习和交流，我更进一步了解了新课程改革的发展方向和目标，反思了以往教育教学中的不足；通过学习和交流，我更明白了"学，然后知不足"的真正内涵，切实感受到自己在教学上还有诸多的不足，因而更坚定了学习的信心和决心。下面是我在培训过程中获得的若干收获和点滴体会。

一、得到了"洗脑"

集中培训时，我深深体会到专家、教授、名师的热情，感受到集体的温暖。其间，四处弥漫着一股浓浓的学意。为我们作讲座的专家、教授严谨治学的精神令人感佩。他们对教育的执著让我倍感温暖。如叶老师的"快乐着"、李勇老师的"成功在于坚持不懈"、查教授的"模式建构经验交流"、李玉龙老师的"专业引领"以及班主任许老师的"追求、超越自我"等全新理念渗入了我们每一位学员的心灵深处。这些理念或深刻，或睿智，或思辨，无不滋润着我的心田。专家、教授、名师以鲜活的实例和丰富的文化底蕴以及精湛的理论阐述，使我的教育教学观念发生了很大的变化，更重要的是我从他们身上学到了做学问和做人的道理。他们的讲座表现出一种风范：不以世事变而弃研究，不以家事烦而怠育人。（毋庸置疑，这应该是目前拜金主义盛行的风气下难能可贵的高尚师德！）与名师面对面，我的知识得以丰厚，我的心灵得以净化，真可谓得到了一次"洗脑"的机会。我渴望自己能"飞"。

二、更新了观念

通过集中学习和远程培训，我耳目一新，深深地认识到自己以前的思想已跟不上时代发展的要求。要想跟上新世纪的教育教学步伐，必须从以下几方面做起：

一是要转变传统的教育观念，树立正确的师生观，增强热爱教育事业的信念。

二是必须转变传统教育中的"唯师是从"的专制型师生观，构建教学双主体之间的相互尊重、相互信任、相互理解的新型的平等、民主的师生关系。

三是要允许学生提出独到的见解，培养学生的求异思维，为学生创设一种和谐、宽松的环境，创造出师生平等、教学民主的氛围。

四是要教给学生学习方法。就如古人说的"授人以鱼不如授人以渔"。作为一名教师，我认为这是很重要的。

同时，我认为无论是教师还是学生都不能成为教材的"奴隶"。《教育新理念》一书中有这样一句话："你们是用教材教，还是教教材？"这句话怎么思考？教材是教学过程中的载体，但不是唯一的载体。在教学过程中教材是死的，但作为教师的人是活的。只有教师引领学生才能将教材中有限的知识拓展到无限的生活当中去。"我是用教材教，还是在教教材？"我经常这样问自己。

三、开阔了视野

能参加这样的培训学习，是领导对我前阶段工作的一个肯定和认可。想到这里，我有些惭愧，因为我深知自己在教育教学中还有诸多不足。我在参加学习时暗暗下决心，一定要抓紧一切有利时机来完善和提升自己。令我欣慰的是，培训班里的同行，有很多话题一同交流、探讨，有很多观点一起抒发、碰撞。在远程培训中，大家大胆地表达自己的观点、想法，提出自己感到疑惑的难以解决的问题。尤其是网上交流，我积极参与，珍惜发表自己见解的机会，使自己能与他人有更多思想撞击的机会。在学习中我始终信奉"它山之石，可以攻玉"，坚持和其他人保持联系，定期交流自己的感受与作业，让自己增长知识、开阔视野。辅导老师和班主任的悉心、及时的指导，使我们的学习活动变得更加热闹起来："凝思一族"剪报出来了，大家学习借鉴；全班、小组交流积极而热烈；学习点击率一个字——"升"；评论撞击出火花！……多么热闹的一个"大家庭"！在这里，我在"长"！

四、坚定了信念

"教师像蜡烛，燃烧了自己，照亮了别人。"如今看来这种说法应改为"照亮了别人，升华了自己"。你看，现在的教师既要教书育人，还要参加各类培训、考试，挺累、挺苦的。不过在这个过程中，大部分教师得到了发展。同时历史也要求教师必须发展，否则便会被历史推着走。曾经有个传统的提法是"要给学生一碗水，教师要有一桶水"。如果这桶水没有源源不断的水源补充，那么你拿什么给学生一碗水？因此有人又说，要给学生一碗水，教师不是一桶水，而是一条奔腾不息的长江水。随着科技的迅猛发展和知识的不断更新，我们原有的知识和能力已显得十分贫乏，不主动学习就要成为时代的弃儿。有人说得好：今天不学习，自己知道；明天不学习，学生知道；后天不学习，别人知道；今天不生活在明天，明天就生活在昨天。于是，学习成了我的"家常便饭"。

五、明确了目标

优秀的教师或前沿的教师必须成为反思型、研究型教师。专家、名师的引领和远程培训"教师反思能力的培养与训练"使我更加坚定了这一想法，于是我确定了自己的发展目标：用一年时间丰厚文化底蕴，用三年时间掌握新课程改革的内涵和精髓，用五年时间成为名副其实的骨干教师。著名教育家朱永新教授说："一个教师如果每天坚持写一篇教学后记，10年后必成大器。"我不知道自己的未来是怎样的，但我会尽心尽力。于是，暑期我开始习惯写教学随笔、教育反思，并积极参与网上交流。"教师的时间哪里来？"的观点一出，引来许多评论。评论中，我感到了大家有一个共同的认识："时间是挤出来的！"要成为真正的骨干教师，我认为必须一步一步走好：

首先，做合格教师：进行知识的研究、学习、评价，写教研教改文章，这是一个知识的积累过程。

其次，做骨干教师：进行知识的研究、教学，有自己独到的见解，这是一个知识的梳理问题。

再次，做学科带头人：进行学科教学、研究，形成自己的教学特色，这是一个知识的整合。

最后，成为研究型教师：在一定理论指导下进行实践研究，在实践研究的基础上理性升华，形成自己的方法、模式或理论，这是一个知识的发展与创造过程。我们学校的普教科研课题从开题论证到第一次活动的开展都得到了教研室黄主任、陈主任的高度评价："有科学性和针对性；实在、有效！"我做事的观点是"不干就别去蹚，要做就做得像个样"。

在骨干教师学习培训的这段时间里，来自专家、教授、名师、班主任的谆谆教诲，来自同学们的倾情相助汇成了一股股沁人肺腑的暖流、一阵阵催人奋进的号角，支持、激励着我，我始终不敢有丝毫的懈怠和停留。展望未来之路，路漫漫其修远兮、艰难曲折兮，但我愿在这快乐而无止境的学习中去追寻、去求索！

（犍为塘坝中心校　姜桂蓉）

初看，汪洋一片．无从下脚．举步维艰，

但慢慢就发现其间有几个支撑点。

沿着这些支撑点，

便能通过沼泽地．到达彼岸。

——恩格斯

第五章　远程研修

——突破时空的学习

农村骨干教师成长需要理论引领，需要各类教育教学信息资源的支撑，但农村骨干教师获取优质信息的渠道不多。一方面，农村骨干教师所处地域比较偏僻，经济条件相对落后，文化教育也比较薄弱，他们也很少有机会直接获取优质的成长信息；另一方面，农村骨干教师是所在学校的主力军，他们不可能长时间在外集中培训，工学矛盾突出。

目前，基于互联网络的远程培训正在蓬勃发展，为解决农村骨干教师培训资源短缺问题提供了保障。在开通教育网络的地区，可组织学员通过电脑进行网上学习。网络教育的优势在于共享和远程。它可以集中最好的学校、最好的教师、最好的教学内容，突破时间和空间的限制，使学员受到更好的培训，让优秀的师资在培养农村骨干教师的工作中发挥更大的作用。

近年来，教育部启动实施教育振兴行动计划的重大项目——教师网联计划。此计划以现代远程教育为突破口，整合优质教师教育资源，构建以师范院校和其他举办教师教育的高校为主体，高水平大学为核心，区域教师学习与资源中心为服务支撑，社会力量积极参与，教师教育系统、卫星电视网与计算机互联网三网融通，系统集成，职前职后教育一体化，各种教育途径相结合，学历教育和非学历教育相沟通，共建共享优质教育资源，覆盖全国城乡的教师教育网络体系。其宗旨是以教育信息化带动教师教育的现代化，构建有中国特色和时代特征的教师终身学习体系，为教师终身学习和素质的不断提升提供支持和服务，为教师终身学习构建一个优势互补、资源共享共建的平台，充分借助现代远程教育手段，打破时空阻隔，大规模开展高水平教师培训，使不同地区教师共享优质教育资源。教师网联计划是大幅度提高教师尤其是农村教师队伍素质的有效途径。

农村骨干教师培训如果依托教师网联资源，就可以突破时间和空间的限制，很便捷地获取优质资源。这既可以解决农村骨干教师的工学矛盾，又可以解决农村骨干教师地域限制造成的教育教学信息资源不足问题。远程培训能给农村骨干教师很好的专业支撑。

在农村骨干教师培训中，应该把网络的资源、远程交互功能运用其中，使其成为成长研修的重要支撑。网络研修可以作为成长研修的一个阶段，也可以伴随于整个培训过程始终。在具体研修中可以运用以下方式：

一是依托教师网联的优质资源开展远程研修，使农村骨干教师在网上专题学习或者自主学习。教师网联的资源虽好但需要一定费用，所以只能阶段性运用。

二是教师培训机构建立自己的网络平台，运用 BBS 论坛组织引领不同地点的农村骨干教师开展研修活动，方便农村骨干教师的互动交流，让网络平台伴随于成长研修的各个阶段。

三是引领农村骨干教师建立成长研修博客群，使其成为农村骨干教师学习研究、写作交流、展示自我的平台。

四是建立农村骨干教师 QQ 群组，让农村骨干教师实时或非实时交流。

五是运用新浪网的 UC 建立农村骨干教师的网络研修室，通过定期活动加强农村骨干教师的信息交流。

运用教师网联开展网络研修，组织严密、有专家团队支撑、网络资源丰富集中，非常有利于农村骨干教师学习，但一般需要缴费，所以只能阶段性地运用。其他四项不仅不用缴费，而且操作方便，可以成为农村骨干教师培训贯穿始终的网络研修方式。网络研修使培训机构和农村骨干教师建立了一种长期的指导、督促与交流的关系，使农村骨干教师培训成为一种长期不间断的过程，促进了农村骨干教师不断成长。

第一节　基于网络资源的远程研修

农村骨干教师培训利用网络资源开展远程培训，成为成长研修培训的有机组成部分，然而，要真正促进农村骨干教师的专业成长，关键还在于要把网络资源的学习成果运用于实践，这个远程培训的过程其实也是农村骨干教师基于实践研究修行的研修过程，所以我们把基于网络资源的远程学习过程称为远程研修，把这个研修作为农村骨干教师成长研修培训模式的一个重要环节或者伴随培训始终的一种形式。

基于网络资源的远程研修，可以选择一家资源比较丰富、组织比较严密、辅导专家团队专业的网络培训机构。目前教师教育远程培训资源中心有中国教师研修网、全国中小学教师继续教育网、新思考网等。下面以全国中小学教师继续教育网的网络资源运用为例谈谈农村骨干教师远程研修的操作程序和相关策略。

农村骨干教师远程研修的基本环节是：制订培训方案—组建培训团队—操作方法培训—辅导、学习—互动讨论—编辑研修简报—评价、颁证。

一、制订培训方案

本环节的内容是选择网络资源、选择网络课程、制订学习方案。

选择网络资源的标准有两点：一是提供网络资源的网站资源丰富、管理严密、专家辅导团队专业；二是能充分发挥网络资源的潜能，利于农村骨干教师教育理论与案例的学习，利于农村骨干教师课堂教学的改革，优化教学过程，改进学习方式，并为农村骨干教师主动参与学习和交流合作等提供技术支持。

网络课程的选择既要满足农村骨干教师的需求，又要引领农村骨干教师的需求。所谓满足农村骨干教师的需求，就是要在培训之前进行远程培训需求调查，根据调查需求设置网络课程内容。我们在乐山市农村骨干教师培训班进行了调查，发现他们喜欢优秀课堂教学案例和实践性强的经验为学习内容，于是在网络课程中设置了大量课堂视频与实践智慧方面的内容。所谓引领农村骨干教师的需求，就是培训策划者要在培训专家指导下设计引领性的专题，使培训课程有一定高度。

网络课程的选择既要有实践操作性，也应该有理论引领性。当前，全国上下正在进行以"新课程、新理念、新技术、师德教育"为内容的"三新一德"教师培训，"三新一德"内容也非常适合农村骨干教师的理念更新与专业能力提升。网联网站中围绕"三新一德"从理念到实践，从通识到学科集结了内容丰富、形式多样的文本阅读、视频理论讲座、课堂实录、情景训练等优质学习资源。农村骨干教师远程研修培训课程可以选择通识性理论课程和学科课程。

培训方案的制订要根据资源网站的一般学习流程、本地的实际情况和培训目标的要求进行。

【案例5-1】

乐山市中学骨干教师远程培训学习安排（一）

一、学习内容

全国中小学教师继续教育网专题课程："教师反思能力的培养与训练"、"学生学习"、相关学科课程。

二、学习形式

在辅导教师引导下运用全国教师继续教育网的资源开展有效学习，阅读相关文字材料，观看视频录像，进行情景训练，完成相关作业，在论坛中进行互动交流，特别提倡学以致用。当然，非常欢迎充分利用网上资源自主学习。

三、学习时间

2007 年 12 月 26 日至 2008 年 4 月 30 日，其中：

2007 年 12 月 26 日至 2008 年 2 月 29 日："教师反思能力的培养与训练"

2008 年 1 月 10 日至 4 月 30 日：相关学科课程

2008 年 1 月 20 日至 3 月 30 日："学生学习"

以上时间是大致安排，各位教师可以根据具体课程的学习要求，结合自己的情况灵活安排，但应该在规定时间内完成相关作业。

四、评价方式

运用过程性评价，按要求按时完成了各项作业，考核即合格。本课程结业时，根据参与学习交流情况评选优秀学员若干。

五、特别说明

1. "教师反思能力的培养与训练"学习安排 2007 年 12 月 26 日前发布；

2. 学科课程学习安排 2008 年 1 月 10 日前发布；

3. "学生学习"学习安排 2008 年 1 月 20 日前发布。

超越自我、追求专业、追求卓越！

预祝大家成功！

二、组建培训团队

远程研修要根据培训课程组建一支有效的培训团队。培训团队由理论专家、学科专家、优秀教师、培训组织者、辅导教师和培训管理者组成。培训团队以培训策划者为核心，召开培训团队会议，明确团队成员职责，培训网络辅导的操作方法，建立相对统一的培训流程。团队成员间要定期互动，加强内部的交流和沟通，使得每个人都能发挥作用，提高自身的培训能力，形成培训团队的凝聚力，为提升培训团队的培训能力和培训水平创造必要条件。

【案例 5-2】

课程团队工作职责

为确保远程培训的效果和质量，每学科根据学员的数量分别组织 4～6 人的课程团队，负责实施远程培训的教学辅导。课程团队实行首席专家负责制，确定成员分工，落实工作责任，做好抽样阅读，点评学员作业，编辑每日课程简报，推荐优秀文章，主持在线研讨，完成课程总结。

一、课程团队主要工作职责

1. 点评学员作业，指导学员学习

抽样阅读、点评学员作业。每个课程团队每天抽样阅读本学科学员作业并进行阅后点评，同时筛选准备推荐或课程简报使用的文章和素材。

2. 阅读班级学习简报，及时评论

课程团队成员要通过分工阅读班级简报，加强对辅导教师工作的跟踪，及时了解辅导教师的工作情况，促进班级学习与管理。课程团队每天阅读一定数量的班级简报，并做出有针对性的评论。

3. 梳理问题，编辑课程简报

根据点评学员的作业和阅读班级学习简报，梳理、归纳学习中的典型问题，有针对性地进行指导。每天梳理出 6 个典型问题，以回答问题为主线，编辑课程简报。每天编辑一期课程简报（网络版），在次日 12 点以前上传。课程简报要面向全体学员，引导学习、激励学习。

4. 聚焦热点难点，开展在线研讨

根据学员学习的进程和学习中出现的热点、难点和带有普遍性的问题，在整个远程培训过程中集中组织在线研讨，每次 2 小时。每次在线研讨集中讨论好一至两个专门话题。在线研讨的话题应是学员关注和能够参与讨论的问题，要及时做好每次在线研讨后的观点梳理、问题分析和思想引导。

5. 总结培训成果，分享培训经验

培训过程中不断积累学员的学习成果和学习经验，学习结束完成培训总结。总结学员学习的收获与经验，归纳培训中的问题并进行分析、指导，为下一步开展培训提出建议。

二、辅导教师的选聘

选择富有经验和责任心的省级骨干教师和教研员担任辅导教师。培训开始前，由服务平台和专家团队统一组织辅导教师进行培训，了解课程基本内容及学习指导要点与要求，明确辅导教师工作职责、要求以及工作方法。

三、辅导教师的工作职责

辅导教师是培训过程中专家团队的助手，是学员交流研讨的组织者、指导者，也是学员培训成绩的评定者。

1. 引导学员互动交流

辅导教师每天关注学员提出的问题，对学员的问题及时梳理、反馈和点评，将学员的优秀文章推荐为精品文章。

2. 评判学员作业

每天浏览学员作业，并对班级内 20% 的作业进行点评，将优秀作业评定为"优秀"。

3. 编辑学习简报

每天关注学员学习与研讨，汇总、归纳学员的问题，推荐优秀学员作业和精华文章，编辑学习简报。学习简报归纳学习研讨中学员的主要观点，聚焦突出问题和普遍问题，通报学习动态，概括学习体会与经验，推荐优秀文章。

学习简报在第二天上午 9 点以前上传至平台，供学员学习和专家团队汇总学习问题。

4. 班级主页维护

辅导教师协助班级管理员维护培训过程中的班级主页，担任班级论坛的管理员，删除不良信息，设置和推荐精品文章。

5. 在线研讨

参加专家团队组织的在线研讨。

6. 培训成绩评定

培训结束时，根据学员学习参与度评价指标和学习水平评价指标的数据记录，由辅导教师和班主任结合学员的学习表现，综合评定学员培训成绩。

四、班主任的工作职责

培训以班级为单位，组织学员的学习与研讨，促进学员间的交流与协作。班主任的组织管理工作是保证培训效果的重要因素。班主任负责组织和管理本班学习活动，了解本班学员学习进度，记录学员学习活动参与情况，对跟进不足的学员进行督促，协助编辑本班课程学习简报。

1. 做好培训组织管理工作

组织学员参加网上网下的学习活动，及时解决学员学习中的技术问题等。

2. 了解学习进度，记录学习活动的参与情况

实时了解学员的学习状况，组织学员开展互动交流活动。

3. 监督学员学习进度

及时检查审核作业，提醒跟进不足的学员，准时、保质、保量完成学习任务。

4. 协助班级学习简报编辑工作

协助辅导教师编辑本班学习简报，提供典型学习问题，对本班学习提出意见和建议。

5. 审核培训成绩

与辅导教师一起审核学员的培训成绩。

6. 班级培训总结

培训结束后，组织完成本班培训总结，归纳学习问题，总结学习成果，分享培训经验。

三、操作方法培训

利用网联资源进行远程培训，需要在网上注册、选课、学习、辅导交流，每一个环节都有特定的操作方法。因此远程培训前需要对骨干教师进行操作方法的培训。远程培训操作方法的培训最好是上机实际操作，时间放在前期集中培训即将结束时。

一般步骤为：分学科编组，分发学习卡，运用学习卡在网上注册，

根据所教学科选课，尝试性地进行学习，为回校分散远程研修奠定基础。

为了让操作方法培训能顺利进行，可以制作《农村骨干教师远程培训操作指南》，以利于一些基础较差的农村骨干教师按步骤操作，为一些缺席培训的农村骨干教师提供帮助。通过操作方法培训，要实现农村骨干教师都会利用网联资源进行学习，克服运用网络学习的为难情绪，感受到网络学习的方便快捷。

【案例 5－3】

小学骨干教师远程培训操作指南

1. 领取远程培训卡

2. 注册登录

（1）打开全国中小学教师继续教育网（www. teacher. com. cn）。

（2）点击"注册"，凭个人卡号和密码登记注册，根据提示真实填写相关信息（个人基本信息、登录信息），其中昵称用真实姓名。

（3）注册完成后，在主页上点击"登录"，运用刚才注册的用户名、密码登录，进行选课。

3. 选课

点击"学员选课"，进入教学计划，点击相应教学计划，进入选课页面，在所选的课程前打钩，然后点击右下角的"选课"。〔注："学生学习"（省级）、"教师反思能力的培养与训练"（市级）为必修课，已经自动选择，还须选择本学科课程一门。另外，还可自主选择一门其他课程学习〕自动生成课程列表。

4. 学习

在学习中心的"所选课程"中，点击课程名称进入课程在线学习，按照操作方法，系统记录学习时间。

5. 辅导与交流

点击课程后面相应的"学习辅导"，可以与辅导教师、其他学员用帖子接受辅导或者进行在线交流。

6. 作业

点击课程后面相应的"作业"，按辅导教师的要求，完成并提交作业练习。

7. 考试

如课程有考试，点击课程后面相应的"在线考试"，按辅导教师的要求，完成考试。

四、辅导与学习

本阶段是利用网络资源"导"与"学"的过程。"导"指的是辅导教师的辅导，包括研究网络课程、公布课程学习计划、布置引导性的作业、批改学员作业、组织学员参加论坛交流、参加学员讨论、督促学员完成作业。"学"指学员观看网络视频、阅读网络文本、撰写体会、提交作业、实践运用、论坛交流、编辑研修简报等等。教师的导是为了学员更好地学，学员的学是教师"导"的根本出发点。

为了更好地"导"，辅导教师需要通览辅导的课程，找出课程的重难点，设计并及时公布有引导性的学习要求。学习要求应包括学习目标、学习内容、学习方法、学习时间安排、学习评价等。学习安排可以细到上网的次数、观看视频的分钟数、交流的次数、发帖的最低数量等，最好能把任务的驱动与情感的鼓励相结合，让学员清楚应该如何学习，也被激励来参加学习。在辅导的过程中要关注学员的上网情况；要对学员的作业进行及时登记，对优秀者进行鼓励，对后进者进行引导；要参与到学员的讨论中，在其中推波助澜，使学员感觉到有收获。

远程研修要取得好的效果的关键在于把远程研修与专业发展结合起来，通过研修解决教学中的现实问题，把研修中学到的理念、技术、学习模式以及专家资源运用到今后的学习与发展中。

【案例 5—4】

乐山市骨干教师远程培训"教师反思能力的培养与训练"学习要求

一、学习理念

反思自我、超越自我、追求专业、追求卓越。

二、学习目标

1. 从理论上明确反思能力对于自身专业成长的重要性，从自我反思能力与自我成长、德育反思、提高教学反思、课程资源开发的反思、反思生活五个专题把握反思能力培养与提高的途径与方法，形成促进自身综合素质的提高和专业能力发展的意识。

2. 立足自身教育教学实践，通过文本型反思、对话型反思、网络互动型反思的过程体验，有效促进自身综合素质的提高和专业能力发展。

3. 积极参加情境训练，形成反思习惯与能力。

三、方法提示

1. 寻找理论引领。

（1）阅读课程知识讲解，不仅记录要点，更要记录其中的重要词句和精辟观点。

（2）观看课程专题讲座录像，按单元撰写学习心得（不少于150字，要有真实感受）。

无论是阅读文字内容和拓展资料，还是观看视频和尝试回答思考题，都应该做好笔记。笔记内容除了课程的标题要点外，更重要的是应该记录文字中关键语句和讲述中的精辟观点，以及对案例的分析和自己的灵感。每一个主题学习完后，应当写一下学习心得，记录下自己的认识，包括理论上的收获、实践上的反思、本人亲历教学案例的评析，以及自己今后改进教育教学活动的打算等。

2. 认真完成情境训练作业。

3. 按照辅导老师要求积极参加网上交流与讨论。

4. 积极参加小组学习简报的编辑。

5. 重视理论学习，更重视反思训练，学习过程就是一个参与训练的过程。

四、评价方式

采用过程性评价，按要求按时完成了各项作业，考核就算合格。本课程结业时，根据参与学习交流情况评选优秀学员若干。

五、作业说明

1. 按时完成规定作业（学习心得、反思日志、专业策划等），作业除在此提交外，另回复至乐山教师教育论坛班级远程培训交流的相应帖子后，便于交流。

2. 积极参加网上讨论，至少发 10 个帖子对别人的帖子发表评论。

3. 在乐山教育博客编辑小组网上学习简报。

4. 每个主题作业我们都将评选精华帖子，选编在全班网上学习简报中。

六、学习安排

学习时间：2007 年 12 月 12 日至 2008 年 3 月 30 日

以上时间是大致安排，各位老师可以根据自己的情况灵活安排，但应该在规定时间内完成相关作业。

附：第四单元作业

认真阅读第四单元知识讲解和观看相关视频讲座，自觉进行相关情境训练，做好笔记，按照要求认真反思，完成以下作业：

根据本单元"情境训练"中"找出主要问题、进行专题反思"要求，撰写一篇反思案例，字数不限。

格式：个性标题＋个人教学案例＋反思

注意：

1. 此作业必须自己撰写，不得雷同与抄袭。

2. 作业除在此提交外，另回复至乐山教师教育论坛班级远程培训交流的相应帖子后，便于交流。

3. 对本单元别人的作业点评 2 次以上。

【案例 5－5】

中学化学骨干教师远程培训作业

　　重视开展科学探究活动，是此次基础教育化学课程改革的一个引人注目的变化。《义务教育化学课程标准》明确"将科学探究作为课程改革的突破口"，大力"倡导以科学探究为主的多样化的学习方式"，并把科学探究作为初中化学课程内容五个一级主题的第一个主题，将其置于化学课程内容的重要地位。作为一体化化学课程一部分的高中化学课程，在仍然强调科学探究的同时，在科学探究的内容、方式和要求程度上都与初中化学课程有较大的区别，更强调开展"以化学实验为主的多种探究活动"，进行"化学实验探究"。

　　第一次作业：阅读有关科学探究的内容，初中化学教师在教学案例中观看《质量守恒定律课堂实录》，自己选择初中化学教材的某一节，设计一堂探究课的教案；高中化学教师阅读第七章：化学实验探究分析，第九章：活动与探究建议分析，第十章：化学教学实施的新变化，自己选择高中化学教材的某一节，设计一堂探究课的教案。

　　注意：

　　1. 此作业必须自己撰写，不得雷同与抄袭。

　　2. 作业除在此提交外，另回复至乐山教师教育论坛班级远程培训交流的相应帖子后，便于交流。

　　3. 对本部分内容别人的作业点评 2 次以上。

【案例 5－6】

小学骨干教师数学远程培训作业

老师们好！

　　这段时间，我们围绕"什么样的教学是有效的"这个话题，结合"空间与图形的教学"进行了探讨。经统计，有 41 名学员按培训要求，积极参与讨论，并发表了自己的看法，以论文形式上交。在这个炎热的暑假，网上的学习也进行得如火如荼，相信每个认真参加了培训的老师，和我一样都有一定的收获。这个收获也许不是一下子就能显现出来的，但已沉淀于你我的教学生涯中，相信有厚积薄发的那一天。总之，新课程理念下的有效的教学应该是：有效地关注学生的学习经验，有效地创设一定的问题情境，有效地引导学生积极、主动地参与学习；有效地亲身实践、自主探究、合作交流；有效地将所学知识灵活运用于实际生活，学生有效地获得学习数学的情感体验。这需要我们不断地去探索和研究，去寻找最有效的课堂教学，使学生获得全面的发展。

愿我们的每一节课都是有效的。

应部分学员的建议，我们的第三次培训调整如下：

培训主题：统计与概率

培训时间：7月21日至7月30日

培训形式：按培训计划，请老师们分板块认真学习数学课程标准和课改教材，结合实际教学完成相应作业。

作业格式：理论＋实际教学＋教学案例，并写成论文形式，标题要新颖，标题下写清楚作者学校、姓名。着重从统计与概率的有效教学策略方面进行学习、研讨、成文。

作业上交：除在本网上交外，另回复至乐山教师教育论坛，以实现资源共享。最后上交作业时间：7月30日。

作业交流：至少对2个老师上交的作业进行点评。

祝各位同人暑假快乐，收获多多！

五、互动讨论

网络研修最大的优势在于不同时空的农村骨干教师可以进行互动讨论。讨论的方式，可以把学员的作业发布出来，进行互相点评，二者可以以一个主题展开讨论，主题可以由辅导教师来确定，也可以由学员来确定，主题的内容应该是农村骨干教师比较关注的问题。问题一旦确定，就可以在网络论坛上一定时间内发帖子发表看法或者相互评点。在讨论中辅导教师最好参与其中，起着点拨与引领作用，将好帖子设为精华帖子，对参与者是一种鼓励，更容易激发学员参加论坛讨论的热情。

【案例 5-7】

主题作业讨论

讨论主题教学评价

作业布置：

初中学员请认真学习《初中数学教学评价》中的第三章：新理念下的初中数学教学评价；第四章：新理念下的初中数学学生评价；第五章：中考数学命题评价发展分析。学习完以上内容之后，请各位学员结合自己的教学实际，整理出你对教学评价和学生评价的理解，提出你对命题技术、命题评价、命题发展的看法和建议。

易禄洪：关于初中数学教学评价的认识

用《基础教育课程改革纲要》的话说就是："建立促进学生全面发展的评价体系。评价不仅要关注学生的学业成绩，而且要发现和发展学生多方面的潜能，了解学生发展中的需求，帮助学生认识自我，建立自信。发挥评价的教育功能，促进学生在原有水平上的发展。"根据素质教育的要求，在初中数学教学中，我认为应建立一整套与数学课程标准相配套的教学评价体系，以促进全体学生全面、持续地发展。

数学教学评价体系的建立，有其发展的必然性和可行性。这是因为：（1）数学是学生所学科目中最重要的自然基础学科之一。（2）加德纳的多元智力理论认为，某一方面的差生可能是另一方面的优生，教育不该有"差生"，而只存在有差异的学生。教师要针对学生的差异进行"分层教学"，做到心中有"人"，因"人"施教，这也是提高我市数学平均分和优分生数量的重要措施之一。（3）初中生的生理特点和心理特点为促进他们持续发展的教学评价的实施提供了可靠的现实保障，他们自我意识觉醒，自主意识增强，已经具有自我评价和反思的能力。

因此，我认为数学教学评价体系是数学教学的方向盘，左右着教学思路的走向和教学质量的标准以及社会人才观的取向。

宋继平：也谈初中数学教学评价

　　细读了《初中数学教学评价》一书，回想自己的教学实际，感触颇多。我追求的理想的教育教学该是这样的：新课程下的教学应该是学生在教师精心策划的情境下的自主、自觉、有效学习。学习的目的不是应试，而是自身数学知识的掌握和能力的提高，是自身数学素质在生产生活学习中的表现。学生的学习是快乐的、积极的，教师的教学是愉快的，是知识与情感的交融沟通，学习能力与知识水平的评价也是学生乐意接受，而且怀着一种强烈的渴求来参与的。

　　在新课程中，教师的角色正在发生急剧的转变，教育的对象也充满鲜活的个性。一堂成功的课，不仅是教师课前精心设计、组织、安排的结果，更是在课堂内四十五分钟成功地导演、适宜地处理、熟练地驾驭的杰作。因而，一堂没有学生主动积极参与的课不是好课，一堂只有教师精彩的表演的课不是好课，一堂表面上热热闹闹而只触及表面的课也不是好课。我们应该看教师是否根据自己的学生实际状况来整合教材，根据自己的教学实际环境来安排课堂进程，在课堂中能否调动学生的学习积极性，让学生在强烈的渴求中进行新知识的体验，教师不是为完成教学任务而教学，而是像指挥家一样松紧恰当地指挥着课堂教学活动的开展。要完成这些，需要教师有过硬的专业知识，有高超的课堂驾驭能力，有强有力的感染力。我将为之而努力，争取能接近这些要求。

　　学生是教育教学的对象，是课堂教学的主体，也是教师是否成功的见证者。学生数学学习的好坏，不是一张考试试卷所能评价的。在评价学生时，要从学生的发展历程来看，要用发展的眼光和激励的话语来评价。在新课程下，需要学生参与，重在过程。在过程中感受数学，在感受中提高学习数学的兴趣，激发学生主动学习数学的积极性。所以，我认为，评价学生，不能只看成绩，而要侧重学生对学习过程的参与积极性是否有所提高，对数学学习的兴趣是否有所增加，在学习生活中能否自觉运用数学知识来解决问题。总之，一个活泼的、积极上进的、努力参与和提高自己的数学知识和能力的学生就是好学生，不能仅仅用掌握数学知识的多少和数学水平的高低来统一下结论。

　　最后，关于考试命题方面我想提一点建议。中考肩负着双重任务，既要为社会输送合格毕业生，又要为高一级学校选拔后备人才。我认为更重要的是要激发学生强烈的数学学习兴趣，为他们终身学习奠定坚实的基础。所以，在命题中，应避免烦琐的计算题和单一的解法题，要侧重知识的简单变形运用，侧重能力的简单实践，让学生在短暂的检测中体验到成功的快乐。

梁志明：教学评价之我见

教学评价即研究教师的教和学生的学的有效价值过程。它主要是对学生学习效果的评价和教师教学工作过程的评价。教学评价对教师能力的提高起到了较强的监督和强化作用。评价的过程其实也是一种教学活动，在这个活动中，学生的技能和知识水平等都将得到提高。

我认为，现行的课程评价与教改评价还存在一定差距。（1）评价功能过于单一化，过分强调结果，忽视改进与激励；（2）过分注重可量化的内容，如强调学生掌握知识的多少，特别是掌握课本知识的多少；（3）学生处于消极地位，其意见没有得到应有尊重；（4）评价结果功利色彩太浓厚，得不到真实体现。这些问题是普遍存在的，如果我们仍然沿用陈旧的评价理念、方法来评价教师的教学，就不利于教师对自己的教学行为进行分析与反思，更不利于教师的发展。

对学生评价，教师要有一定的评价方法与技巧，要多学习掌握一些评价方法，在实践中要因时因地因人灵活运用这些评价方法，以达到激励学生学习的目的。我们评价学生，不能单一地看其学习成绩，应注重学生综合素质的发展、对学习的应用等。一个认真学习、积极上进、肯努力提高自己的学生，就是一名好学生。

对于中考数学命题，我认为试题应进一步避开"繁、难、偏、旧"的内容，注重真实性和教育性，与学生实践生活相结合，体现社会热点问题，注重考查学生的动手操作能力。

六、编辑研修简报

研修简报就是由网络研修小组团队编辑的一种反映研修情况的网络虚拟简报，内容包括研修团队的组名、口号、研修活动情况以及团队成员的精彩作业、精彩帖子、学习体会等。研修简报的编辑一定要体现集体的智慧、团队精神、团队凝聚力。研修简报分为两种类型：一种是由小组团队编辑的简报；一种是由全班编辑的研修简报。全班研修简报由辅导教师组织编写，精选学员的作业、体会、帖子等。研修简报的编辑对于鼓舞学员士气、引领学员学习有特殊作用。

【案例5-8】

乐山市骨干教师研修简报

写在前面

这是一个洋溢着美的世界，我们相信美，也歌颂美。这是一个充满关爱的世界，我们拥抱爱，也传递爱。希望我们透过这扇窗，为你展现一个馨香甜美的世界，希望我们乘着这艘船，和你一起抵达梦想的彼岸。

语文学科

1. 教研活动的针对性和实效性　熊群英

http：//61.139.52.68/bbs/dispbbs. asp? boardID ＝ 80&ID ＝ 2364&page＝1

2. 我的感悟　骆秀明

重视语文的熏陶感染作用，尊重学生在学习过程中的独特体验。让学生们不仅学会，还要会学、乐学，这才是一名语文老师应该做到而且必须做到的。……

http：//61.139.52.68/bbs/dispbbs. asp? boardID ＝ 80&ID ＝ 1965&page＝1

3. 我的作文审题训练方法　黄丽

审题失误，作文就会南辕北辙，"失之毫厘，谬以千里"。在作文复习中如何有效快速地提高学生的审题能力呢？怎样在毕业会考中做到不离题、不偏题呢？……

http：//61.139.52.68/bbs/dispbbs. asp? boardID ＝ 80&ID ＝ 5045&page＝1

4. 我的阅读教学实践　谢成权

为了培养学生的阅读能力，他每期开学前认真研读教材，注重培养学生的阅读兴趣，精心设计阅读教学过程，引导学生深入阅读思考，培养学生的思维能力、审美能力与其他语文能力。各位同人！我向你们推荐一位教师的阅读教学方法……

http：//61.139.52.68/bbs/dispbbs.asp? boardID ＝ 80&ID ＝ 5112&page＝1

5．对新课标朗读教学的体会　谢成权

我们在教学中常常见到，学生对课文朗读得越流利，越深情并茂，就表明学生对课文理解得越深，对文中人物的情感体会得越透彻，读者与听众就会一同进入文中角色情境中，与他一起喜怒哀乐，受到情感的洗礼。怎样培养学生的朗读能力呢？……

http：//61.139.52.68/bbs/dispbbs.asp? boardID ＝ 80&ID ＝ 5111&page＝1

6．对语文教学的感悟　谢成权

这是一篇有感而发的文章，详尽而全面地写出了作者对语文教学的真实感受，值得一读。

http：//61.139.52.68/bbs/dispbbs.asp? boardID ＝ 80&ID ＝ 5110&page＝1

7．老师的花招　黄丽

"差生当主持人，另外两个差生听写PK，每次10个词语，三次获胜为PK王。输了的加试20个词语。"新奇吧？点开读读嘛！

http：//61.139.52.68/bbs/dispbbs.asp? boardID ＝ 80&ID ＝ 5050&page＝1

8．低段识字不再是难事　年领

新课程的低段识字教学是现今老师们常常讨论的话题，主要是识字量大，孩子们不容易记住。针对这一困惑，我在教学中琢磨出了这样一些方法……

http：//61.139.52.68/bbs/dispbbs.asp? boardID ＝ 80&ID ＝ 4864&page＝1

9．如何进行六年级作文教学　徐成刚

作文教学的成败是衡量一个毕业班语文教师素质的最重要尺度。六年级语文教师怎样才能快速、高效地激发学生的作文兴趣，夯实学生的作文基础，提高学生的作文水平，打造考试作文质量呢？接下来就谈谈我在六年级作文教学中的一些具体做法，和同人一起探讨。

http：//61.139.52.68/bbs/dispbbs. asp？ boardID ＝ 80&ID ＝ 4672&page＝1

10. 我的语文教学观——"用心、用情" 牟领

"用心、用情"，这就是我教学小学语文五年来最深的感受。虽然我接触小学语文的时间并不长，但我已深刻地感受到其中的魅力与奥妙。

http：//61.139.52.68/bbs/dispbbs. asp？ boardID ＝ 80&ID ＝ 2366&page＝2

11. 兴趣是最好的老师 徐成刚

我想所有的孩子都不喜欢手拿教鞭、动不动就责骂学生、撕作业本、扔粉笔头的教师。教师风趣幽默的语言、清新纯雅的举止、学贯中西的知识、亲切和蔼的思想交流都能够得到孩子们的信任……

http：//61.139.52.68/bbs/dispbbs. asp？ boardID ＝ 80&ID ＝ 4574&page＝2

教师反思能力培养与训练

1. 为广大农村教师搭建交流的平台 熊群英

示范课或者公开课的执教人选范围狭窄问题、教研员一言堂评课问题、讲座是否能解决教师普遍关注的教学方法策略问题，这些问题都值得我们深思……

http：//61.139.52.68/bbs/dispbbs. asp？ boardID ＝ 79&ID ＝ 4169&page＝1

2. 给差生多一点关爱 骆秀明

我们班有一个女生，名叫周金红，她是全年级出了名的调皮生。她不讲卫生，不爱学习，不爱劳动，喜欢欺负弱小，还爱"拍老师马屁"。最让人受不了的是……

http：//61.139.52.68/bbs/dispbbs. asp？ boardID ＝ 79&ID ＝ 2296&page＝1

3. 迟到的精彩 徐成刚

这是一节别开生面的作文课，徐老师故意迟到了。他的良苦用心，他的兢兢业业，他的教学智慧，成就了迟到的精彩！

http：//61.139.52.68/bbs/dispbbs. asp？ boardID ＝ 79&ID ＝

4840&page＝1

4. 老师，那边也有人　徐成刚

一则笑话，引起一段深思：我们的教育教学，有多少是贴近学生生活，符合他们的认知规律的呢？请看一位实力派同人的反思……

http：//61. 139. 52. 68/bbs/dispbbs. asp？ boardID ＝ 79&ID ＝ 4790&page＝1

5. 对本期教学反思的反思　黄丽

学习促进成长，学习反思材料后，一位教师发出了感叹……

http：//61. 139. 52. 68/bbs/dispbbs. asp？ boardID ＝ 79&ID ＝ 5048&star＝1—5048

6. 也谈"行动前反思"　徐成刚

反思，我们往往把它理解为事后的反省，是对过去经历的反思，带有回忆性和追溯性。但任何解决问题的"思考"又都不可避免地既回顾又前瞻。

http：//61. 139. 52. 68/bbs/dispbbs. asp？ boardID ＝ 79&ID ＝ 4782&page＝1

7. 辩论以后　牟领

孩子们的智力资源是无穷的，关键在于挖掘者善于去发现，去开垦，只要我们善于发现，善于利用，到处都是材料，到处都会有惊喜。

http：//61. 139. 52. 68/bbs/dispbbs. asp？ boardID ＝ 79&ID ＝ 4188&page＝3

8. 做一名反思型教师　骆秀明

美国心理学家波斯纳的一句话使我豁然开朗——"没有反思的经验是狭隘的经验，至多只能是肤浅的知识。"下面这句话更加让我震动……

http：//61. 139. 52. 68/bbs/dispbbs. asp？ boardID ＝ 79&ID ＝ 1830&page＝6

9. 个人专业成长规划　王蕾

http：//61. 139. 52. 68/bbs/dispbbs. asp？ boardID ＝ 79&ID ＝ 3140&page＝7

学生学习

1. 正视错误　骆秀明

教师面对学生的错误应持有哪些正确的态度？不妨看一看《正视错误》。

http：//61.139.52.68/bbs/dispbbs. asp？ boardID ＝ 83&ID ＝ 4853&page＝1

2. 把握契机，引领教师专业进步　熊群英

请看一位优秀教研员的工作亮点，以及对"没有教不好的老师，只有不会引导的教研员"的真情诠释……

http：//61.139.52.68/bbs/dispbbs. asp？ boardID ＝ 83&ID ＝ 5136&page＝1

3. "没有教不会的学生，只有不会教的老师。"　牟领

http：//61.139.52.68/bbs/dispbbs. asp？ boardID ＝ 83&ID ＝ 4186&page＝1

4. 成就教育　黄丽

应该说"只有不会教的老师"更多是对教师责任的提醒。……成就教育，从成就教育行为开始。

http：//61.139.52.68/bbs/dispbbs. asp？ boardID ＝ 83&ID ＝ 5046&page＝1

5. 没有教不会的学生　骆秀明

"没有教不会的学生，只有不会教的老师。"我初次听到这句话时挺不服气的，大有为我们老师抱不平之势呢！"作为教师，我们不能选择适合教育的学生，但我们可以创造适合学生的教育。"这些经典语言打动你了吗？

http：//61.139.52.68/bbs/dispbbs. asp？ boardID ＝ 83&ID ＝ 4365&page＝3

他山之石

1. 生活——语文教学不竭的源泉　宋世宇

http：//61.139.52.68/bbs/dispbbs. asp？ boardID ＝ 80&ID ＝ 2777&page＝1

2. 语文教学，想说爱你不容易——语文教学感悟　余让琼

http：//61.139.52.68/bbs/dispbbs.asp？boardID＝80&ID＝2610&page＝1

3. 做细心的语文教师 罗勤凤

http：//61.139.52.68/bbs/dispbbs.asp？boardID＝80&ID＝2325&page＝2

4. 三年级起步作文指导 程齐

http：//61.139.52.68/bbs/dispbbs.asp？boardID＝36&ID＝5138&page＝1

5. 加强朗读训练，提高学生素质 连秀明

http：//61.139.52.68/bbs/dispbbs.asp？boardID＝80&ID＝2748&page＝1

6. 我是合格教师吗 宋世宇

http：//61.139.52.68/bbs/dispbbs.asp？boardID＝80&ID＝2778&page＝2

7. 新课程下的语文教学 罗丽

http：//61.139.52.68/bbs/dispbbs.asp？boardID＝80&ID＝2255&page＝2

8. "以画促写，写画整合"作业设计例谈 赵学平

"以画促写"是根据低年级学生喜爱画画、想象丰富、好奇心强的特点，将画画与写话有机结合的一种学习方法。它从激发学生绘画兴趣入手，先画后写，以画促写，在写画结合的过程中降低低年级写话训练的难度，为逐步平稳过渡到直接作文打下坚实的基础……

http：//61.139.52.68/bbs/dispbbs.asp？boardID＝34&ID＝4842&page＝1

情感驿站

1. 体验成长的快乐 黄丽

http：//61.139.52.68/bbs/dispbbs.asp？boardID＝36&ID＝695&page＝14

2. 培训有感 年领

http：//61.139.52.68/bbs/dispbbs.asp？boardID＝36&ID＝

659&page=13

3. 学无止境　赵春燕

http：//61.139.52.68/bbs/dispbbs.asp？boardID＝36&ID＝710&page=13

4. 我很快乐　骆秀明

http：//61.139.52.68/bbs/dispbbs.asp？boardID＝36&ID＝648&page=13

5. 珍惜缘分，共同提高　张惠容

http：//61.139.52.68/bbs/dispbbs.asp？boardID＝34&ID＝895&page=2

6. 阅读的感动　熊群英

http：//61.139.52.68/bbs/dispbbs.asp？boardID＝36&ID＝1307&page=10

结束语

仰望是追求崇高，也许我们达不到崇高的境界，但我们依然可以仰望，让崇高引领，在心底竖起精神的路标，在教育这片天地行走，支撑起富有意义与价值的生命世界！

七、评价与颁证

远程研修形式利用网络虚拟平台学习，要取得好的研修效果，研修过程就要严格有序，一定要抓好视频学习、文本学习、提交作业、在线研讨、参与评论等五大研修环节的管理。辅导教师和班主任结合学员的学习表现，根据学习参与度评价指标和学习水平评价指标的数据记录，综合评定学员培训成绩，对完成学习任务、参与讨论的学员颁发研修结业证书，评选学习特别突出的学员为优秀学员。

【案例 5-9】

乐山市骨干教师远程研修评价规定

为引导骨干教师参加远程研修，使研修过程严格有序，取得好的研修效果，特对骨干教师远程研修做出如下规定：

一、全程参与学习，完成相关作业

学员应按照辅导教师的要求积极参加视频学习、文本学习、提交作业、在线研讨、参与评论等五大研修环节的学习，完成相关课程学习任务，根据参加学习交流情况评选合格学员和优秀学员若干。

二、关于合格学员的评选

远程研修结束后一周（研修课程于 2008 年 10 月 15 日结束），我中心将分别为各班提供参与程度基本达到合格标准的学员名单，由各班依据合格条件予以确认后，发给全国中小学教师继续教育网远程培训合格学员证书。

三、关于优秀学员的评选

优秀学员在合格学员中择优产生，优秀学员名额为本班学员总数的 30%。

优秀学员评估标准：

1. 完成规定的课程作业达到 90%；

2. 积极参加在线研讨与学员之间的交流，每个专题均有一定数量的评论，全程学习发表的评论数不少于 60 个；

3. 主动协助班主任、指导教师工作，积极参与编辑班级简报和班级组织的学习活动，能主动帮助他人，得到本班学员的广泛认可；

4. 发表的作业、文章或评论得到本班学员以及班主任、指导教师、课程团队等有关专家的认可，文章或评论引用数、被推荐数较多。

远程研修为农村骨干教师提供了最现实、最经济、最有效的专业发展平台，是成长研修的有益补充和完善，是传统培训的创新和发展。它丰富的资源、开阔的视野、超越时空以及方便快捷的特点，让每一个教师都有交流的平台和展示的机会，为骨干教师成长提供了机遇，缩小了城乡教育发展的差距，成为教师专业成长的重要支撑。远程研修必将成为骨干教师专业发展的重要形式。

第二节　基于培训机构网站的网络研修

农村骨干教师成长研修培训历时三年，把集中培训与分散研修相结合，把理论学习与实践运用相结合，分散研修、岗位研修是其重要的形式和阶段。要让研修取得效果，需要有一个能组织、引导、管理、监控分散研修活动的平台，需要一个让农村骨干教师在培训过程中突破时空的合作交流平台。这就使培训机构的主题网站的构建显得十分必要。

网站有培训信息的发布、培训资源的整合、研修成果的展示、培训过程的互动等功能。网站主要包括以信息资源为内容的主站和以互动交流为主的 BBS 论坛。

主站能发布培训信息，进行培训宣传报道，集合优质的学习资源，主站一般版面灵活、内容丰富。在主站上可以设置农村骨干教师专题网站，为农村骨干教师的研修提供支撑。

BBS 论坛有很强的交互功能，培训者可以在其中分学科、分主题建立不同的板块，发布信息，引导农村骨干教师进行实时在线交流，能很好地满足农村骨干教师成长研修的需要。

培训机构的专题网站的优势成为农村骨干教师成长研修的重要支撑，成为伴随农村骨干教师研修始终的平台。

运用培训网站的 BBS 论坛开展研修活动，可以有四个主题：一是发布培训信息，引导农村骨干教师开展分散研修；二是开展主题研讨；三是配合集中培训开展相关研修活动；四是平时的自发研修活动。这些研修活动在 BBS 论坛上的开展实际上也形成了优质的培训网络资源。

一、发布信息，引导研修

农村骨干教师的分散研修需要引导，培训网站的 BBS 论坛为发布培训信息提供了方便。培训机构可以在 BBS 论坛上设置专门的培训公告栏，根据培训的需要发布培训信息和要求，指导农村骨干教师研修。下面的案例就是在培训网站的 BBS 论坛上发布的引导骨干教师开展远程研修的一篇文章。

【案例 5－10】

骨干教师为什么这样学习

已经进入初秋，乐山市的小学骨干教师们在全国中小学教师继续教育网上的远程学习的热情依然未减，大家如饥似渴地在中小学教师继续教育网丰富的资源中汲取着营养，观看视频录像、研究教育教学案例、学习新理念、反思自己的教育教学、反思自己的职业生涯，在乐山教育论坛上交流、讨论。

骨干教师们为了能更好地利用网络进行学习，有的整天"霸占"着家里的电脑，有的新买了电脑。家里没有电脑的骨干教师，或者到网吧，或者到朋友家去学习。特别让人感动的是一些住在乡下的教师每周进城一次进网吧学习。

许多骨干教师已经明白一个道理：学习是为自己，是让自己在职业生涯中专业地、有尊严地活着。

为什么要做专业成长策划？这是让大家重塑专业精神，认清自己的专业位置，努力去学习专业知识、训练专业技能，让职业人生更美丽。

为什么要进行反思训练？这是教给大家成长的方法，因为经验＋反思＝成长。这是为了让大家更好地理性地认识自身、认识自己的教育教学行为，在"实践—反思—再实践—再反思"的不断循环往复中成长。这实质上就是"知己"。

为什么要学习"学生学习"课程？这是让大家真正认识到自己学生的学习心理与规律，认识到学生学习的本质，做到教学上的"知彼"。知己知彼，教学何难！

为什么要学习学科课程？这是让大家拥有必要的专业知识支撑。新课程、新理念的深度把握必须深度学习，专业地认识学科课程的体系与价值才不会被一些指东说东、指西说西的非专业指导所左右，才能真正树立自己的专业地位。

为什么要用"集中＋远程＋研修"的培训模式？教师的成长必须有一个过程，不是几个专家讲座能实现的。集中培训是把大家组织起来，激励大家，点燃大家的成长激情。远程培训给大家提供了必要的专业知识、专业技能训练的支撑，全国中小学教师继续教育网能给大家提供丰富的学习资源。研修是在学校中基于实践的行动研究，大家在循环往复的实践与研究中一定会成长起来。没有学习过程的学习是违背规律的，学生学习如此，教师的学习依然如此，所以"集中＋远程＋研修"的培训是三年，三年的学习研究就是过程。

为什么要运用小组团队学习？集体的力量是强大的，把大家放在小组团队中学习，可以互相帮助、互相鼓励、共同进步。

为什么要办小组研修简报？研修简报是对学习研修过程的报道，它便于小组及时总结反思研修学习进程中的得失，便于宣传小组学习团队的学习成果，便于激励小组团队成员学习持续进行，便于小组学习团队间的研修学习经验交流，也便于让小组成员体验。

为什么……

不必问那么多的为什么。我想，还是行动后再来问吧。

因为行动必有收获，参与必有收获。

用自己的智慧去穿透这一切。

非常欣赏的是：很多教师已经意识到骨干教师培训是从成长角度进行的整体设计，目的是要带领大家突破成长高原期，从而自觉地、主动地、积极地参与到学习中，而且收获颇丰。

许多小组学习团队运行良好，合作学习有效而持久，骨干教师们互相帮助、互相鼓励，进行着高效的学习。一些小组的研修简报也出来了，展示了小组团队的风采，报道了小组学习情况，发表了小组成员的精彩文章。

非常遗憾的是：有极其个别的骨干教师以为培训就是两天半，过了就过了，因为他们觉得过去参加过的培训就是这样设计的。

不过，有理由相信：在我们的任务驱动、评价跟进、小组团队成员的激励下，这些教师会很快明白过来、行动起来。

历史把大家推到了乐山市骨干教师的位置，这是一种荣誉，更是一种责任，这意味着我们在享受荣誉的同时要有更多的付出。因为骨干教师是火种，从改变自己开始，或多或少地影响着周围的教师，哪怕只影响一个教师。

不少骨干教师在专业策划中写到：要用1～3年时间做一个合格或优秀的市级骨干教师。目标非常实在。更重要的是，他们还制定了一系列具体可行的行动策略，使目标的实现不是空中楼阁。

因为他们相信：改变不了大环境，可以改变小环境；改变不了别人，可以改变自己。没有自己的成长，就不可能有学生的良好成长。他们能改变自己能改变的，这就是——战胜自己。

他们要赢得的是专业的职业尊严、专业的职业人生幸福。

（许泽能）

二、开展主题研讨

主题研讨就是在论坛上围绕一定主题开展的网络研讨活动。农村骨干教师通过研讨能很好地进行问题探讨、思想碰撞、互动交流。主题研讨可以是学科专家主持、农村骨干教师参与讨论，可以是实时的在线研讨，也可以是非实时的跟帖讨论。

基本流程：

设置讨论板块—征集主题—主题跟帖讨论—随机讨论

活动策略：

A. 研讨活动由培训组织者组织学科专家或者优秀骨干教师主持。

B. 在主题研修活动开始阶段，可由培训组织者在相应的论坛上发帖，征集网络研讨论题，引导农村骨干教师把困惑与问题发表出来，最后确定值得集中讨论的话题。

C. 培训组织者在征集论题的基础上提出相关论题，供农村骨干教师们跟帖讨论，发表观点，展开辩论。要求每名骨干教师至少阅读及回复其他教师的帖子两帖以上，让每个农村骨干教师有机会发表自己的意见，互相交流，互相启发。先用行政的手段引入门，继而形成自觉参与的习惯。

D. 为了让主题研讨活动能够热烈与深入，引导部分优秀骨干教师精心准备，积极参与讨论，推波助澜。

E. 主持人要参与讨论，把发现的有创见、有见地的精彩帖子设置为精华帖，并加以点评引导，以激励农村骨干教师跟帖参与讨论的积极性。

　　F. 引导骨干教师对个别教师的个性问题进行个别研讨，实现有针对性的同伴互助。

　　实质上，主题研修方式不仅仅如此，培训者还可以设置相关板块把研修任务囊括其中，比如后边要论述的深度研修，就可以设置名师寻访、模式探究、智慧故事等板块，使研修成果发布其中进行交流。

三、配合集中培训研修

　　在前面已经介绍到，集中培训时有一些活动需要提前准备。BBS 论坛就为集中培训的检查、评估、交流提供了方便。比如集中培训前需要有效教学的研讨活动准备，农村骨干教师可以阅读培训主题网站上的有效教学资料，把撰写的发言稿发布在论坛上，并进行发帖互动交流，为集中培训研讨活动的深入进行奠定了基础。

四、自主研修

　　培训主题网站 BBS 论坛实际上就是一个可以随时供农村骨干教师发布信息的白板，发布的信息可以是文本，也可以是图片，甚至可以上传小的视频。为了方便农村骨干教师的个性交流，可以以学科或者小组团队的方式设置板块，方便农村骨干教师发布经验文章，提出疑问和困惑，转载经典文章，使农村骨干教师能随时随地进行网络交流。

　　运用培训网站的 BBS 论坛开展网络研修实现了两方面的突破：

　　1. 有助于教师的自我反思和提升，有助于同伴互助

　　（1）在 BBS 论坛上讨论交流实现有针对性的同伴互助

　　在农村学校中，因为学校同年级、同学科教师少，很难得到及时性的同伴互助。同一个话题，未必全校的每一个教师都感兴趣，都有过思考。在论坛 BBS 上，对同类问题有过经历、有过研究的农村骨干教师却很多。一个人的"求助"，往往能够得到很多有针对性的帮助。

　　（2）为回帖而思考促使教师不断提升自己

　　BBS 论坛上有以问题研究为主题的的文章，也有促进教师反思的案例、随笔等。当教师将自己遇到的问题或自己认为成功的教学案例发帖到论坛时，阅读者要细心地读帖，对帖子所介绍的问题、现象或进行询问，或进行答复，或表明自己的观点，这些都能促进教师进一步反思，

实现从现象到问题原因的研究。

2. 实现专家坐堂，得到专业人员的专业引领

在 BBS 论坛上，在教学方面有独到见解、理论和实践水平都非常高的专业人员参与到论坛交流中。农村骨干教师在与他们的交流中碰撞思想、深入研讨、解决实际教学中的困惑，从而开阔视野、增长见识、丰富信息。

培训机构的主题网站以 BBS 论坛为代表在农村骨干教师成长研修活动中伴随始终，该论坛既有培训机构的组织管理，更有农村骨干教师的自主研修，这对于提高农村骨干教师的专业能力，激发他们的职业热情和创新精神，改变教师的角色认识和自我观念发挥着重要作用。

第三节　基于博客的农村骨干教师远程研修

博客是人们以网络作为载体，简易、迅速、便捷地发布自己的心得，及时、有效、轻松地与他人进行交流，再集丰富多彩的个性化展示于一体的综合性平台。博客是继 e-mail、BBS、ICQ 之后出现的第四种网络交流方式，它代表着新的生活方式和新的工作方式，更代表着新的学习方式。教师博客是教育博客的一种，相当于教师的网络日记、个人主页，是教师把教育教学案例、教学反思、教学故事、教学论文、心灵感受、生活感悟等诸方面的内容，以网络发表的方式进行资源共享、互动交流的便捷平台。利用博客开展网络研修，教师博客方便了教师的交流学习，能够切实转变教师的教育教学行为，有效促进教师的专业成长。

博客网络研修是以某个博客网络平台为系统，通过建立博客，把教师的研修成果发布在博客上，支持教师远程学习交流。

教师作为教授者，可以在博客里发布教学案例、教学反思、教学课件、科研课题、源代码文件、教学图片与动画、教学音频视频文件等多媒体信息，可以进行答疑、辅导等教学活动，对学习者的作业进行批改并给予必要的指正和评价，建立群组，发起并参与学习者之间的讨论等等。

教师作为学习者，可以在博客里实现主动性、反思性、协作性和开放性的学习，从这里获取其他发布者的相关教育信息，向其他人提出疑

问，参与相关讨论或者自己发起对某个问题的探究讨论，进行合作学习，从而达到专业引领、经验分享、反思提高、共同进步的目的。

农村骨干教师利用博客开展网络教研的优势：

1. 经济投入少，易于实现

教师只要拥有一定的信息技术能力，在提供博客服务的网站（如新浪、网易、搜狐等）免费注册申请即可拥有自己的博客空间，并相应地加入自己喜欢的博客圈，掌握必要的操作方法，就可直接参与到网络研修活动中来，交流经验，分享成果。

2. 不受时空和人员限制

利用博客开展网络研修，组织者方便组织，易于实施；教师无须坐在一起，无须轮流发言，只需短暂的时间便可写上几句；不受场合约束，教师的表达更自信；没有倾听发言的即时性局限，教师阅读更加随意；教师可以灵活安排时间、地点，解决了一些工学矛盾。

3. 思考更加充分，交流畅所欲言

在常规研修活动中，教师由于受时间限制，思考不够充分，对问题的认识理解往往较为肤浅、片面。在网络上，面对博客，对一个问题（或者教学案例），教师可以充分地思考，将比较成熟的想法与其他人交流，使得问题的探讨、研究更加深入。同时，在常规研修活动中，教师碍于情面，出于人际关系等的考虑，往往真正要说的话不想说、不愿说、不敢说，严重影响研修效果。在网络上，异时异地交流减少了教师面对面交谈时的心理压力，而且在博客教研中，教师可以匿名或使用昵称，发言顾虑少，更能够发表自己真实的看法和想法。不同层次的教师都能把自己真实的想法陈述出来，并得到多位教师的指导。这样的教研模式能形成民主、合作的教研氛围，实现有效的专业引领，使教师的能力真正得到提高。

4. 交流研讨范围广

利用博客开展网络研修，教师不受年级组、教研组、所授学科以及区域因素等的限制，有兴趣的教师都可以通过博客及博客圈发表自己的见解，参与交流研讨。同时也可以欢迎区内外的教师评说，可以有专家的点评，可以集中各地的专家与一线教师的教育思想，可以相互借鉴教研的方法与经验。这种大范围的交流研讨将会使得研修活动更加富有成效。

5. 共享集体智慧，展示与发展自我

教师博客是教育教学资源的共享，教育教学情感的共鸣，教育教学智慧的共创，教育教学思想的共振。利用博客开展网络教研能使教师在充分展示自我、参与交流的过程中，促进自己学习反思能力的提高和良好习惯的形成。网络资源的共享与循环利用，教师能力的优势互补，网络上的多元化、相互式交流，使参加网络教研的教师在经营共同交流平台的同时拥有个性发展的自我空间。

农村骨干教师基于博客研修的基本流程：

申请博客—建立博客圈—发布个人资源—互评交流—骨干引领

活动策略：

A. 在集中培训时引导农村骨干教师在网络上申请免费博客，介绍博客使用的方法。

B. 按照学科建立农村骨干教师的博客圈，逐步形成以点带面、星火燎原之势。

C. 本着"分享、贡献"这一原则，引导农村骨干教师及时把自己在平时教学中的教学经验、教学设计、教学反思、教育随笔、教学案例等发表到博客上，与同行们共同分享、共同交流。同时，在阅览他人的博客时，要尊重他人的劳动成果，踊跃回帖，积极参与讨论交流，共同切磋，共同成长。"共建体现主体，参与获得提高。"教师之间只有相互合作、相互帮助、积极主动地讨论交流，才能有效提升自己的教学业务素质和专业研究能力。

D. 充分发挥核心人物的引领作用。利用博客开展网络教研需要一些核心人物。这些人可以是学科专家，也可以是热心于博客研修的优秀骨干教师。他们要能够主动开展网络研修，并且能用博客记录研修过程，把自己的教学研究成果通过博客与别人分享。培训中心要充分发挥这种核心人物的引领作用，尽可能让那些既有潜能又愿意成长的教师尽快成长起来，使他们成为利用博客开展网络研修的开拓者和热心参与者，然后去带动更多的农村骨干教师一起成长。全体教师在建立个人博客的基础上建立教育博客圈。教师借助博客圈开展网络教研活动，从而感受网络教研给教学带来的新气象以及网络教研的方便、快捷、有效。

E. 开展主题网络研修活动。为了更好地、有效地使更多的教师看到网络研修所带来的益处，培训组织者要有意识、有目的地把教师集中起来，充分发挥博客圈的优势，把常规的教研活动和网络教研结合起来，定时间、定地点、定人员、定目标、定主题，组织开展专题研修活动。如组织开展网上集体备课、网上评课、网上论文评比、网上小专题研究等，督促教师提高利用博客开展网络教研的水平和能力，让博客真正成为教师自我发展的一个平台，使常规研修活动得到延伸，从而放大、提升研修活动的功能与效率。

F. 建立健全利用博客开展网络教研的评价激励机制。对教师利用博客开展网络教研的行为进行正确的评价和激励，是网络教研开展过程中必不可少的一个环节。因为只有建立正确的评价机制，进行有效的激励，才能够更有力地鼓励教师积极、主动地参与到网络教研中来。培训机构可以根据教师上传资源、发表博文的数量和质量、发帖回帖量以及个人博客的浏览量等因素，建立"教师博客排行榜"；还可在博客圈通过全体教师的推荐讨论，评选出优秀教学设计、优秀教学课堂实录、优秀博文等。正确有效的评价激励机制，是农村骨干教师利用博客开展网络教研的助推器。

总之，基于博客的网络研修是农村骨干教师成长研修模式的有益补充和完善。它丰富的资源、开阔的视野、超越时空以及方便快捷的特点，是传统的教研活动所无法比拟的。

【案例 5-11】

江南丝雨

http://blog.sina.com.cn/ningshenyusi

- 课型授课（12）
- 教学评价（5）
- 教育杂谈（11）
- 作业批改（3）
- 批评艺术（2）

- 教育随笔（33）
- 教学反思（13）
- 教学课件（11）
- 师生交流（6）
- 文科教学（4）

● 岁月印记（13）

● 应试策略（4）

● 教育科研（41）

● 特色教学法（1）

第四节　基于"UC"的农村骨干教师远程研修模式

UC（Universal Communication）是新浪 UC 信息技术有限公司开发的开放式即时通讯的网络聊天工具。它集成了可视电话、信息群发、文件互传、网站 UC 论坛开放式接口等功能，实现网络聊天边说、边看、边写、边玩的全方位功能。它界面美观，使用简单，只需要去网址 http://uc.sina.com.cn/下载安装相应的 UC 软件，免费申请 UC 号码即可登录使用。目前被广泛应用于娱乐、政府 IT 化通信、企业管理等领域，是廉价视频会议、远程培训的主要工具之一。

农村骨干教师运用 UC 模式开展远程研修具有以下优势：

1. 它具有多主体、跨时空、低成本、互动高效的优势

由于它能支持 350 人同在一视频聊天室进行学习交流，参与主体多，思想碰撞激烈，生成性好，能弥补研修中教师参与度低，资源生成不足，学术交流氛围不浓的缺陷。

2. 它具有自主、平等、对话、协商、共建、共享的优势

因为在 UC 中，大家是主动参与平等对话，相互交流，自主性很强，没有了常规教研活动中的拘束，更能就某一共同关心的主题开展深入研讨，研讨的成果——录像、录音、文字，任何成员都可共享。

3. 它具有资源丰富、灵活性强的优势

在 UC 中，有专业的管理团队负责收集学习资源，而且全国的教师都源源不断地提供资源，资源极其丰富，这能够解决农村学校资源匮乏的问题。在 UC 中开展远程研修活动，教师可以做时间的主人，可以根据自己的生活环境和工作实际，灵活选择学习时间。

4. 它具有良好的群体效应

通过网络，大家在线即时交流，在平台上真诚地互相鼓励，互相影响，互相学习，会让每一个人都感受到一种良好的学术氛围。目睹名师风采，聆听专家讲座，感悟最新理念，积极参与点评……如此循环，有利于骨干教师的专业情怀的生成。

UC 远程研修基本流程：

组建管理团队—申请聊天室—招募研修会员—精选资源—主题活动—活动评价

活动策略：

A. 精选成员，根据自愿、乐于奉献的原则，组建分工明确的 UC 专栏管理团队，并随着研修活动的深入开展，不断吸纳有志为教师们服务的骨干教师和非骨干教师加入团队，壮大力量。

B. 申请或征用聊天室，建立较完善的管理制度和活动开展机制。每期活动前，管理团队通过 QQ 将名师课例等活动视频传发，确保每期活动能正常进行。在活动中，有专人主持节目，有专人播放课例视频，有专人迎宾、发布房间广播，有专人组织大家参与文字研讨，有专人组织语音交流，并在活动结束后，及时录制文本进行整理，发到培训专题网站 BBS 论坛专栏以供学习研究；将名师课例群发，方便缺席的教师补看，方便某些教师重复观看或用于校本研修。

C. 发挥团队作用，辅导、帮助骨干教师走进 UC 进行研修，共同学习成长。在活动开展前，在 UC 开展管理员培训活动，让每位管理员熟悉 UC 使用，熟悉使用虚拟视频工具"MVBOX"演示 UC，让新入 UC 的教师能在短时间直观形象地学会 UC 这门新工具。同时，在农村骨干教师 QQ 群放上精心制作的"UC2008 安装与使用"文件，并通过 QQ 语音或远程协助功能及时帮助新手。此外，还经常鼓励走进 UC 的教师，让他们信心百倍地掌握这门新型远程研修工具。

D. 精心筛选资源，扎实开展好每一期研修活动。通过网络广泛联系全国网友，征集优质学习资源，精选后开展系列活动，给教师们提供更多更好的名师课例，如小学语文可以开展"窦桂梅系列"、"王崧舟系列"、"孙双金系列"等精品"寻访名师"活动。

E. 定期组织管理员远程语音会议，沟通思想，增强团队凝聚力，阶段性总结反思，安排布置新阶段 UC 研修工作，不断提高活动质量，继续壮大学习队伍，充分利用资源，让 UC 发挥其强大的远程研修作用。

F. 农村骨干教师的 UC 远程研修可以由培训机构正式组织，也可以引导优秀骨干教师志愿组建学习团队，定期开展活动，举办行政管理专家、教育专家、名优教师在线讲座活动，或播放其讲座光盘，将骨干教师的教材培训、普通话提高、读书交流、经验分享、问题求助等内容纳入进来，提供更系统、更优化的服务，解决聘请专家路途远、成本高、培训时期短的难题。

【案例5－12】

乐山市小学语文骨干教师的 UC 研修活动

2008 年，在市师训中心刘远胜校长和许泽能老师的大力支持下，由井研县教研员熊群英老师、峨边县曾兴秀老师和我发起倡议，依托"嘉州小学语文教师群"在"UC 新课程网络教研室"开设了深度研修之寻访名师专栏，开启了我市小学语文骨干教师 UC 模式的远程研修试点工作。在这一年的试运行期里，我们组织大家观摩了大量名师视频课例，学习名师理念，借鉴名师教学智慧，有力地促进了骨干教师们的专业成长，在市内外均取得了良好的示范效应。

我们扎实开展好每一期研修活动。为了能给教师们提供更多更好的名师课例，我们广泛联系全国网友，得到了吉林省、江苏省、上海市、江西省同行们的大力支持。他们先后向我们提供了相当数量的名师课例。我们的管理团队通过精心筛选，先后组织了"窦桂梅系列"、"王崧舟系列"、"孙双金系列"等精品"寻访名师"活动，还有针对性地开展了"第六届全国小学语文阅读教学观摩课"的展播活动。目前，正在开展"2009 名师成都之行"专题活动。

我们的 UC 研修活动成效：

1. 由于在 UC 研修中主要是观摩名师课例，教师们参与度高，直接从名师教学经验中获益，所以，研修活动的有效性很强。请参阅下面两个研讨活动中文字交流的片段。

片段一：

★房间广播★窦桂梅——主题教学的"主题"属于生命价值观教学的范畴，并指向人的精神生命成长。主题教学立足于文本之中，是从文本主题中挖掘出来的促进精神生命成长的价值主题。文本主题与生命主题相遇，产生精神的火花，价值主题得以浮现。﹝ˊ○醉逸﹨. 书香ˇ

（30944663）发布］

★房间广播★从呈现方式上看，主题表现为语词，它不是一般的语词，而是儿童从文本中获得或萃取的核心语词。充当主题的这些语词，因有丰富的内涵和意蕴，教学时也应注意体现主题的层次性。从文本内容看，主题不完全等同于文眼，但常常和文眼有关。读到文眼，就可以编织课堂的学眼，整合各种阅读资源、生活资源和文化资源，以"积累、感悟、体验"为形式，牵"主题"一发，动"知识能力体系"的全身。从教学立意看，主题着眼于儿童生命价值的取向。每一个主题立意，能串联起文本的字词句段篇，能串联起一个动人的故事、一段难忘的历史、一份厚重的思想与情怀。［ぢo醉逸ヽ.书香ぢ（30944663）发布］

沧海一粟对大家说：这个是学生有分歧的地方，看教师的处理。教师没有让学生在这个分歧处纠缠，及时捕捉机会，一导而通。

片段二

★房间广播★幽兰凝香对快乐嘟嘟说：窦桂梅老师和我们是同龄人，她的经历告诉我们，教师成长固然有赖于好的环境，但更重要的是自己要有好的心态和作为。［晓慧（36728029）发布］

★房间广播★快乐嘟嘟对大家说：上个星期听了窦老师的课，觉得她特有魅力。［沧海一粟（43756333）发布］

★房间广播★晓慧对大家说：让孩子快乐向上，不被压抑……［真心宿愿（37890050）发布］

★房间广播★美丽心情对大家说：孩子的心是空地，全凭教师耕种。［真心宿愿（37890050）发布］

★房间广播★学好教材，超越教材；立足课堂，超越课堂；尊重教师，超越教师。［ぢo醉逸ヽ.书香ぢ（30944663）发布］

★房间广播★幽兰凝香对童心永远说：为生命奠基——语文教改的"三个超越"，窦桂梅老师的教学理念。［真心宿愿（37890050）发布］

★房间广播★绿野传说对ぢo醉逸ヽ.书香ぢ说：刚才两段话很有鼓动性，以此为基础写一个今晚活动的简讯，我马上发在乐山教育网上。［真心宿愿（37890050）发布］

2. 通过 UC 研修，骨干教师们增强了自信，开阔了视野，有利于专业情怀的养成。2008 年 12 月，我们专门为峨边彝族自治县沙坪小学做了一期"走进峨边，关注民族地区教育"的专题教学研讨活动。活动开始前先展示了优美的峨边自然风光，并有幸聆听高寒山区的教师和孩子们共唱彝族《祝酒歌》，接着是一段沙坪小学专题片，主要活动是观摩沙坪小学教师执教《搭石》。这次活动，我们邀请到江西小学语文教学专家陈英（随缘自然宽）老师，并通过她请来了在全国阅读教学观摩会上执教《搭石》获得一等奖的江西省著名特级教师王玲湘老师。有了这些名师名家的光临，教师们受到极大鼓舞。

3. 通过开展 UC 远程研修，积淀了活动开展模式的经验，培养壮大了一支网络研修管理队伍，为将来更大范围的网络教研奠定人才基础。目前，我们小语 UC 管理团队已经达到 12 人，还将推进管理人才培养步伐，并可为小学数学、中学各科学习小组定向培养 UC 管理人才。

（犍为县纪家学校　纪彪）

把每一件简单的事做好就是不简单,
把每一件平凡的事做好就是不平凡。

——张瑞敏

第六章　中期集中培训

——有效课堂教学的研修

　　中期培训是农村骨干教师成长研修培训中承前启后的一次集中培训,骨干教师已经经历了自主学习、前期集中培训、远程研修和校本行动研修,之后还有深度研修和后期集中培训。中期培训既要对之前的远程培训、行动研修进行总结,又要对后期的深度研修进行任务布置和方法引领,使骨干教师的成长培训连续不断地深入开展,使骨干教师的成长激情不断得到激发。同时,中期培训应该有为农村骨干教师成长提供支撑的培训主题。

　　对于农村骨干教师来说,他们成长的阵地主要是在课堂,他们的成长需要提高课堂教学技能,需要提升课堂教学效益。农村骨干教师的远程研修与行动研修,基本上是在虚拟状态下的自主学习与合作学习。在这种状态下学习,农村骨干教师的理念在提升,行为在改进,但缺乏真实课堂下的观摩与同伴研讨。他们需要广泛地观摩优秀的课堂教学,需要与同伴、专家深入地研讨教学案例,这样才有利于进一步理解教学的本质,才能进一步提升有效教学的能力。因此,中期集中培训应该聚焦在课堂有效教学上。

　　基于以上认识，中期集中培训的目标确定为：（1）聚焦有效课堂教学，开展系列观摩研讨活动，如观摩名师课堂、农村骨干教师课堂展示、有效教学研讨、同课异构训练、个性教学模式展示、名师引领、同行点拨等，使农村骨干教师认同有效教学的理念，能在实践中掌握有效教学的方法。（2）总结远程培训和行动研修情况，完善提升前期学习。（3）布置成长研修下一阶段的任务，继续进行成长激励。（4）创设活动的、合作的、反思的研修氛围，关注课堂教学行为，关注学生的细微变化，分享有效教学的愉悦与困惑，提升骨干教师的专业引领能力。

　　中期集中培训的研修在对前期培训反思总结评价的基础上分为以下几个阶段：

　　自主研修—课堂观摩—名师引领—同课异构—教学模式展示—有效教学研讨—总结布置任务

一、自主研修

　　自主研修是在现代教育理论和教育思想指导下，通过学习目标引导和学习条件创设，使学员在活动、表现、体验和反思中自主建构自己的经验与观念，在交流和互助中汲取他人的经验，产生新的思想，达到新的认识，从而实现学员自我发展，并能采取行动改善现状的一种研修方式。自主研修强调农村骨干教师在培训中能够充分发挥自己的主观能动性，自主参与研修活动。

　　中期集中培训的核心任务是聚焦有效课堂，提升农村骨干教师的课堂教学技能。在集中学习中有大量的讨论活动。为了让讨论更加深入，为了让讨论更加有效，自主研修阶段做好所要探讨问题的准备就显得格外重要。因此，中期集中培训前的自主研修，主要是对前期培训的反思，对有效教学的探究，以及对教学模式的提炼，为中期集中培训的深度学习做好准备。

　　因而，学员在中期集中培训前便围绕有效教学和个性教学模式进行自主探究，通过阅读相关书籍或者网络上的有效教学理论，进行反思，撰写发言稿，把发言稿发布在培训机构的论坛上进行交流，并且对别人的发言稿进行点评，明确校本研修任务，使前期培训得以提升。

活动流程：

自主提炼教学模式、探究有效教学——在网络论坛上交流对有效教学的认识、个性教学模式

活动策略：

A. 提前一月发出中期集中培训通知，在通知中明确提出自主研修的任务：探究有效教学、提炼个性教学模式的任务和要求。有效教学要求为：有效教学之我见（观点＋案例）。个性教学模式要求为：我的有效教学模式（名称＋操作流程＋案例）。

B. 在培训网站上提供有效教学方面的学习资源，利于学员学习理论，寻求他人案例的启发，结合自己的教学进行有效教学的反思。

C. 在培训网络论坛相应班级下建立中期培训前的交流平台，引导学员把有效教学探究的认识、个性教学模式发布在网络平台上进行交流。

D. 提出考核要求，每个学员必须发两个主题帖子和对他人的帖子评点两次以上。

E. 培训专家在论坛上跟帖引导。

【案例 6－1】

乐山市骨干教师中期培训前准备

1. 每名参加培训的骨干教师准备 10 分钟以内的个性课堂教学模式介绍（附典型教案）和 5 分钟以内针对有效教学认识的发言稿。

2. 2008 年 12 月 20 日之前，在乐山教育论坛—骨干教师—中期培训—相关班级—教学模式展示或有效教学认识栏目提交相关内容，并对 2 个以上别人的方案进行点评。（http：//61.139.52.68/）

3. 填写乐山市骨干教师中期考核表（表格在乐山教师教育网上的文件通知栏目下载），请各区县教育局和学校认真审核并签署意见，报到时交班主任。

4. 完成全国教师继续教育网上远程培训作业。

联系电话： 万老师（××××××××）

许老师（×××××××）

张老师（×××××××）

注：该准备要求务必及时发给参加培训的骨干教师。各参训骨干教师务必抓紧完成前期培训任务，培训时将对前期培训及校本研修进行严格考核，并将审查合格名单通报各区市县教育局。

二、课堂观摩

课堂观摩是农村骨干教师们喜欢的培训形式，因为好的观摩课有如下作用：

1. 榜样作用

好的观摩课能看出教师良好的教学功底，好的教学功底主要是教师拥有先进的教学理念、驾驭课堂的能力强、教学艺术高超、良好的课堂感染力等，他们对待教学的态度与众不同，对教学的理解也是不一样的。观摩优秀教师的课堂教学对农村骨干教师是一种鞭策，优秀教师深厚的教学功底也是值得农村骨干教师学习的。

2. 引领作用

优秀的观摩课一定是要科学有效地开展实施，要从教学目标确定和内容选择、教材处理、教学重难点的正确把握、教学方式方法的科学合理运用、教学内容的安排等方面着手。执教者将提高课堂的实效放在了教学的首位，将提高课堂教学效率作为一堂课的最根本的标准，贯穿整堂课的始终。这对农村骨干教师课堂教学发展能起一定的引领和导向作用。

3. 借鉴作用

好的观摩课符合农村骨干教师的实际需要，农村骨干教师学习了可以运用到自己的教学实践中。好的观摩课不造作、不花哨、不作秀，课堂设计让观摩者一目了然，对于常规课堂教学有非常好的借鉴价值，对实际教学有指导和借鉴意义，能让农村骨干教师在观摩学习中真正受益。

农村骨干教师的成长研修，不仅要通过课堂观摩学习一些教学方法，更重要的是要通过课堂寻找到成长标杆，能体验到不同层次教师的成长轨迹。课堂观摩要取得实效，选择有示范性、针对性的名师显得尤为重要。

中期集中培训聚焦有效课堂教学，可以邀请中心城市的名优教师上示范课、本地的省级骨干教师或特级教师上示范课，让农村骨干教师们能够更多地观摩不同层次优秀教师的课堂教学，从中感悟有效课堂教学的规律，提升课堂教学技能。

活动流程：

中心城市名师课堂—本地省级骨干（特级）教师课堂—农村骨干教师课堂展示—个人点评—集体研讨

活动策略：

A. 本环节学习安排在基地学校进行，上课内容与基地学校课程进度同步随机安排，使参训骨干教师观摩真实状态的名师课堂教学风采，体验有价值的教学方式。

B. 观摩课可以涉及多种课型，如新授课、复习课、实验探究课、评讲课等，内容根据进度同步随机安排。

C. 上课之前，告诉学员当堂课观摩的主题，以便学员做好准备，更加主动地参与学习。

D. 名师之所以为名师，是因为他们有高超的教学艺术、独特的教学风格，不同的教师有不同的风采。领略名师的风采，尤其是中心城市名师的风采，会对农村骨干教师产生极强的示范作用，开阔他们的视野。成都作为西南地区最大的中心城市，名师辈出，成都名师成为乐山市的重要学术支撑。

E. 邀请本地省级骨干（特级）教师上示范课，既能让农村骨干教师领略身边名师的教学艺术，也能对农村骨干教师的成长起到激励作用。

F. 让优秀市级农村骨干教师与名师同台献课，不仅能展示农村骨干教师的风采，学到适合于农村课堂的一些教学方法，同时能使农村骨干教师的课得到专家的评点诊断，得到同行的点拨，有效地促进农村骨干教师成长。

G. 针对不同层次的课，要引导农村骨干教师写出评价与感悟，然后小组交流评价，小组再推选出代表参加全班交流。

H. 教学观摩活动要由学科研究的名师或教研员来担任学术主持。主持参与听课，提出听课要求，引导学员自评观摩课，组织小组交流、全班发言、自由发言，主持人点评，使研讨趋向深入。

【案例 6－2】

乐山市第四批骨干教师中期培训体会

乐山市第四批骨干教师中期培训在乐山外国语实验学校拉开了序幕！虽然天气降温，可英语班的同志们个个精神抖擞，按时参加培训，我想大家都是抱着要好好学习的态度来的，因为大家是在临近期末的这个关键时候来参加培训学习的。

今天最精彩的是三位老师的示范课。特别是来自成都七中的俸洁老师真的是年轻有为，只听她一口甜美流利的语音语调就让人折服了！所以我目不转睛地欣赏着她的言谈举止，很快就投入了她的课堂并深深喜欢她的教学艺术了。虽然她没有上过我们这样的教材，可是她对重难点把握得相当到位，整合恰当，引领更是自然创新。我刚上了这个单元，听课后最想表达的就是：我怎么就没有这么好的点子呢？我为什么就没有把课设计得这么巧妙呢？哪怕是一些过渡性的语句我都没有这么去设想呀！好生让人佩服！站在学生的角度去想：哇，有这样的老师真幸福！

这次我们主要研讨的是有效的课堂教学模式。我认为有效之一就是用学生喜欢的方式，也是老师好操作的方式来把知识传授给学生，即知识的输出过程有效。有效之二就是学生通过教师的引导真正达到教师所预设的目标，而不是只停留在表面的模仿上。所以我感觉到了俸老师的课堂流程自然清楚。她缓缓道来，有效地完成了每一个环节的教学任务。

美中不足的是学生的表现不够"捧场"，也许因为对学生的过高估计，所以俸老师本课时的教学目标锁定得稍显高了一点儿。不管是什么原因，俸老师在这方面处理得还不够好，因为学生的表现与老师的调动很有关系。当发现学生反应不良的时候我们应该调整自己的授课方式，哪怕是教师的措辞或身体语言，都要为学生着想。这对我们每一个老师是一个挑战！

（夹江外国语学校　毛宏）

三、名师引领

名师引领，主要是农村骨干教师与中心城市在教育教学方面有独特建树并已取得较大成绩的名师，以小讲座与互动的形式切磋技艺、研究交流教育教学经验。名师是教育教学的实践专家，他们具备一定的教学理论，有许多实践智慧，对教育教学的方方面面都进行过实践与思考。农村骨干教师们在实践中困惑的问题，在名师那里能够得到现身说法的解释。

活动流程：

名师讲座—互动交流

活动策略：

A. 名师讲座是名师将自己对实践的理性思考以及有效经验向农村骨干教师进行介绍。

B. 互动交流是指农村骨干教师把自己在教学实践中遇到的问题提出来，向名师请教，名师们则把自己的教学经验和体会毫无保留地和盘托出。名师展示课有效地发挥了名师的引领作用，同时也促进了教师间的教育教学交流。

四、同课异构

"同课异构"这一概念借鉴化学中的同分异构，"课"是指教学内容，"构"是指教学设计。"同课异构"就是选用同一教学内容，不同的教师根据学生实际、现有的教学条件和教师自身的特点，对教学内容进行合理化安排，选择有效的教学方式，进行不同的设计构想、上课实践，大家从不同的角度进行评价、反思，比较不同的教师对同一教材内容的不同处理方式，比较不同的教学策略所产生的不同教学效果，在比较中互相学习、扬长避短、共同提高。这是一种多层面、全方位的合作、交流、提升、分享的教学研究模式。它充分体现了教师的教学个性，促进了教师之间的教学交流，为集体研讨提供了很好的研究平台。这种教研活动是教师提高教学水平和教学能力、总结教学经验的一条有效途径。它不仅对教者，而且对教师群体、对整个教学质量的提升都有着显著的作用。

同课异构常见模式有"并列式"、"递进式"、"螺旋式"课例实践活动。

1. 递进式研讨

所谓"递进式"，即先由两位教师上课，课后请执教教师说课，请参与听课的教师根据课堂教学评价标准进行评课，围绕教学进行多侧面、深层次的剖析，挖掘闪光点和不足。在此基础上，由另外一位教师重新修改教案，改进自己的课堂教学，最后进行反思重建，从而使课堂教学不断优化。

2. 并列式研讨

所谓"并列式"，即先由两位教师各自根据对课文的理解进行备课、上课，课后请执教教师说课，请参与听课的教师根据课堂教学评价标准进行评课。教材相同而教学方法不同，教无定法，只要得法，有异曲同工之妙。

3. 螺旋式研讨

所谓"螺旋式"，首先是小组活动，主要是进行教材分析、集体备课、疑难点解读等；然后是全体教师进行大教研活动。从研修的形式和活动的内容来看，犹如知识点的呈现，循序渐进、由易到难，呈螺旋式发展。

同课异构研修模式有四个新：新形式——同课异构课堂教学；新思路——执教者的重点和思路各有偏重；新视角——从学生和教师的角度去看待一节课，看法是不同的；新启发——教师从活动中去审视自己的教学与管理方法，及时反思，深刻反思。

同课异构研修模式实现了三个转移：一是由以教材教法为中心的文本教研转向以师生共同发展为中心的人本教研；二是由以灌输为主的指导性教研转向以互动探究为主的反思性教研；三是由单一封闭的个人研究模式转向多维互动的群体研究模式。

同课异构研修模式为教师们提供了一个面对面交流互动的平台。在这个平台中，教师们以同课异构为载体，大家共同出谋划策，共同探讨教学中的热点、难点问题，探讨教学的艺术，交流彼此的经验，共享成功的喜悦。

因此，同课异构研修模式非常适合农村骨干教师成长研修的需要。农村骨干教师相对优秀，对课堂教学有自己的理解，同课异构还真能异构出很多好的做法，利于他们互相观摩、深入研讨。但农村骨干教师集中培训中一般时间短、班额大，在具体操作中也有一定困难。

活动流程：

定教学内容—组建同课异构小组—分组异构—课堂教学公开展示—评课、反思、专家点评—达成共识、整合分享

活动策略：

A. 根据农村骨干教师所教学科情况确定若干课堂教学内容。

B. 把骨干教师分为偶数组，每组4～6人，以抽签的方式确定每两组为同一教学内容，按同课异构课堂PK的方式开展活动，利于激发小组兴趣。

C. 两个组的教师采用背靠背的方式进行异组备课，每组执教教师各自在备课组的协助下进行教材分析、集体备课、疑难点解读，研究教学切入点，形成小组认同的教学方案。

D. 课堂PK的异构小组的代表在培训基地校同一个年级的平行教学班中进行课堂展示活动。

E. 培训班全体学员都参与听课，使整个听课评课活动更丰富、更具实效。

F. 课后请执教教师说课，请参与听课的教师根据课堂教学评价标准进行评课。

G. 由学科专家主持同课异构活动，主持人做最后点评。

H. 学科专家介绍多种方式的同课异构，利于农村骨干教师主持校本研修。

农村骨干教师集中培训时间有限，不可能轮流逐一进行同课异构的训练，分组就能很好地解决这个问题。每两个组PK同一主题，就使全班有了多个研究主题，为农村骨干教师理解更多的教学方式、多角度理解教材提供了可能。农村骨干教师是所在学校的骨干力量，同课异构的研修方式介绍为他们提供了回校组织同课异构校本研修的专业支撑。

同课异构是农村骨干教师改进课堂教学的一种有效研修方式。在同课异构活动中，农村骨干教师课堂优势互补、互相启发、智慧共享，增强了研修活动的针对性和实效性，能切实提高集体备课的效益及公开课研讨活动的实效性，从而构成教师的群体合作学习。同一课题便于教师

理解教材，深入挖掘教材。通过同课异构的对比研究开展实质性的讨论与反思，既注重解决课堂教学实际问题，又注重经验的总结、理论的提升、规律的探索，利于促进教师的专业成长。

【案例6-4】

乐山市农村骨干教师同课异构案例

"追梦"和"独秀"两个小组团队以人民教育出版社课程标准语文教材三年级下册《检阅》第二课时为教学内容进行同课异构的课堂PK。"凝思一族"组负责组织并收集、整理课后研讨与反思。两个小组各自运用集体的力量设计教学方案，然后推荐代表到一所小学进行课堂展示。两个小组根据各自对教材的理解，以不同的方式诠释了对同一教学内容的把握。两个组的课堂教学可谓是精彩纷呈、各有千秋。

附1：教学设计A、B两式

《检阅》（第二课时）教学设计A

沐川县实验小学　张晓慧

教学目标：

1. 采用以点引线，用线画圆的方法，让学生在勾勾画画、设问探究中理解课文。

2. 通过个别读、范读、设问读、齐读、抓关键词语感悟读等，指导学生有感情地朗读课文。

3. 通过对关键词语的理解和重点句子的感悟，在美词佳句的积累运用中，感受大家对残疾人博莱克的尊重和爱护，以及博莱克自尊自强的个性品质。

教学重难点：

有感情地朗读课文，感受大家对残疾人博莱克的尊重和爱护，以及博莱克自尊自强的个性品质。

教学准备：课件。

教学过程：

一、揭示课题，重温故事内容

1. 同学们，这节课我们继续学习《14. 检阅》，板书。（指名讲故事内容）

2. 文中有两句话最能表达人们对孩子的赞叹。是哪两句呢？（板书：这个小伙子真棒，这些小伙子真棒）

二、走进课文，品读感悟故事

（一）过渡

一位教育专家这样说过："读书需用'煮'，只有把书煮熟了，你才能品出其中的味儿来……""煮"书就要咱们静静地深入文本，细心地读，用心地感悟。下面就让我们开始"煮"课文。

（二）感悟"这个孩子真棒"

为什么说这个孩子真棒？同学们再用心默读课文，勾画出能表现这个孩子真棒的句子。

1. 生交流勾画句子（课件出示句子），再阅读品味博莱克在检阅队伍中的表现。（课件配上图画）

2. 看到此情此景，你想对博莱克说什么？（预设：棒、勇敢、坚强……）

3. 透过这个镜头，你仿佛看到了什么？学生交流后，引导完成句式训练：

训练跌倒了，只见他_____。

烈日当空，他被晒得满头大汗，可是_____。

他忍着腿疼，刻苦练习，_____。

同伴实在看不下去，都劝他休息，可是_____。

教师小结：孩子此刻表现的背后，包含着多少汗水和辛勤，凝聚着多少痛苦和泪水啊！但他仍然昂着头、挺着胸接受了这次盛大的检阅，大家由衷地发出感叹：（生答）这个孩子真棒！

4. 谁能真诚地发自内心地赞叹？从你的赞叹声中老师听出了博莱克的坚强。（抽生训练朗读和评价）

（三）感悟"这些孩子真棒"

过渡：博莱克得到赞赏当之无愧，可为什么观众也赞叹"这些孩子真棒"？

1. 抽生用自己的话简短交流。

2. 一开始，他们有什么想法？边读边思，用"——"在文中勾画出来。

3. 从哪些地方可以看出大家非常为难？重点引导理解"棘手"这个词。

进一步感悟写孩子们心理活动的句子（出示句子，抽生轮读），深入体会"棘手"这个词。

4. 其实老师认为不那么棘手，因为他截肢了，直接告诉他不适合参加检阅不就行了吗？

5. 预设课堂上的两种声音：

（1）可以，因为参加的是一次盛大的节日——国庆检阅。让学生在读课文中感受这次检阅的盛大。（学生回答后，再齐读）预设：怕影响集体的利益，损害国家的利益，也为博莱克的身体着想……

（2）不行，那是对博莱克的不尊重和不信任，也是对残疾人的歧视……

6. 同桌表演。设问：博莱克听到劝慰的声音是什么？你心里是什么样的感受？

7. 矛盾中还是队长做出了决定，是什么样的决定？抽生说：注意体会"洪亮"这个词（多指名说，范读，齐说）。从洪亮的声音中，你听到了什么？

8. 你觉得这个决定好吗？预设：好或不好，为什么？（创设辩论气氛）

在辩论中，重点引导孩子们对残疾人的关注、尊重……特别强调拥有平等的权利。

9. 这样的决定，结果怎样？

三、走出课文，练笔升华情感

过渡：这是一个让大家高兴、赞叹的结果，但队长做出决定的时候征求博莱克的意见了吗？对这个决定，博莱克有两种选择，请你为博莱克做一个选择，把大家想的、说的、做的写下来吧。

四、拓展

1. 观看关于残疾人的影片、书籍等（如关于雷庆瑶、张海迪等人的影片或书籍）。

2. 留心身边的残疾人，用小手拉大手，关爱残疾人。

五、板书

14. 检　阅

这个小伙子真棒！　　　坚强　　自信

这些小伙子真棒！　　　尊重　　关爱

《检阅》（第二课时）教学设计 B

犍为师范附属小学　钟沛彬

教学目标：

1. 有感情地朗读课文，联系上下文理解词句，理解课文内容。在朗读中积累语言。

2. 通过想象、朗读和移情体验体会人物的心理变化，感受大家对残疾人博莱克的尊重和爱护，以及博莱克自尊自强的个性品质。

3. 反复诵读，体会关键句子"这个小伙子真棒！""这些小伙子真棒！"的深层含义。学习在阅读中通过人物心理的变化，去体会人物品质的阅读方法。

4. 在阅读感悟文本的基础上，创设情境进行写话，读写结合，进一步体会自尊自强，尊重和爱护别人的人生观和价值观。

教学重点：

理解课文内容，在阅读中体会人物心理的变化，并有感情地朗读课文。

教学难点：

体会关键句子"这个小伙子真棒！""这些小伙子真棒！"初步体会自尊自强，尊重和爱护别人的人生观和价值观。

课前准备：多媒体课件

教学流程预设：

一、复习词语与课文内容，导入新课

1. 课件出示词语，学生认读。

2. 用其中的两三个词语说说这篇课文主要讲了一件什么事情。

3. 回顾上节课遗留问题：有一个叫博莱克的男孩，他左腿截肢了，现在靠拄拐走路，游行检阅时，他怎么办？

二、学习课文第 1~9 自然段

1. 出示上述问题，理解"截肢"一词。

2. 出示句子：俱乐部里立刻鸦雀无声了。围绕"鸦雀无声"深究，解读文本。

（1）"鸦雀无声"是什么意思？这是为什么？（大家在思考：该怎样安排他？）

（2）你们现在就是儿童队员，你们想怎么安排呢？理解"棘手"，体会小伙伴们的善良。

（3）如果你是博莱克，你会怎么想？

（4）把大家的为难通过朗读体现出来。（指名读—评价—男女生赛读）

3. 学习第四、五自然段：

（1）在队员们百般无奈时，队长提出了这样的建议。（出示队长的那段话）

（2）儿童队应该是怎么样的呢？（团结的、温暖的、互相关心的、有志气的、不歧视队员的，像一个大家庭……）

（3）这样的决定好吗？大家为什么笑？为什么情不自禁地鼓掌？为什么说"别的队会羡慕我们"？羡慕我们什么？

（4）我们该用怎样的心情来读这段话呢？（兴奋、激动、如释重负）

（5）如果你是博莱克，当大家做出这样的决定时，你会怎么想呢？

（6）让我们来听听博莱克的心里话吧？（想象说话）

三、精读课文第 10~16 自然段

1. 让我们一起看看检阅时的精彩场面。自由读最后 6 个自然段。

2. 你觉得最精彩的是什么？

3. 出示："这个小伙子真棒!""这些小伙子真棒!"

（1）理解：这个小伙子棒在哪儿?（找读有关的句子）

他会忘记自己挂着拐吗? 这时的博莱克会是怎样的心情呢? 他在想些什么?（自豪、激动、兴奋、全身心地投入）

（2）他为什么能这么棒呢? 博莱克能做到这样容易吗?

请你想象一下博莱克在训练中遇到了哪些困难? 他是怎么克服困难的?

（3）这些小伙子棒在哪儿?（联系前文）

（4）再读一读这两句话，读出你由衷的敬佩和赞美。

（5）带着自己的感受再读最后三句话。

四、读写结合，升华感情

1. 写话练习。此时此刻，你一定有很多话想说，最想对谁说? 说些什么? 请写下来。（随机交流）

2. 教师总结。尊重身体有残疾的人，是一种闪光的品质! 博莱克在伙伴们的关心和鼓励下，选择了坚强，选择了拼搏，所以他创造了奇迹。

其实在这个世界上还有多少残疾人，在周围亲人和朋友的关心下，保持乐观向上的积极生活态度，他们珍惜生命，自强不息，也走出了精彩的人生之路。（大屏幕展示有关残疾人自强不息的事迹、图片：李欢、张海迪、海伦·凯勒、霍金等）

让我们为这些英雄唱一首赞歌，在歌声中结束这节课吧!（播放歌曲《真心英雄》）

五、板书

14. 检 阅

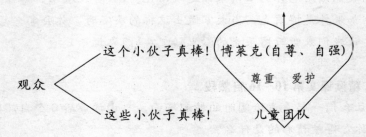

附2：课后研讨与反思

同课异构，让有效课堂焕发生命活力

井研县教育科学研究室　熊群英

一、同行评析

1. "追梦"小组团队围绕两个表达作者情感的重点句"这个小伙子真棒！""这些小伙子真棒！"直奔文章重点，简洁明了。教师引导学生抓住重点词句品读、理解、感悟，并能创设情境让学生想象博莱克刻苦练习时的情景。在学生的充分想象中，在教师的引读下，一个坚定、自信的博莱克展现在学生眼前，学生对博莱克的敬佩之情油然而生。教师再引导学生去勾画、辩论、角色表演、想象阅读，感受大家对博莱克的尊重和爱护。抓住"棘手"一词，引导学生体会这些孩子的决定是多么伟大。小练笔的设计更是独到，让学生走进博莱克的内心世界，去体味他的心理变化。

2. "独秀"小组团队则在复习新词，利用新词说说主要内容的基础上，引出上节课学生初读中提出的问题，导入十分自然。教师引导学生抓住描写关键语句反复咀嚼、品味，在师生、生生的一次次对话过程中，大家感受到："这些小伙子真棒！"并运用换位体验带领学生从语言上和文本产生碰撞，从情感上和人物产生碰撞，激发学生想象博莱克所克服的困难，以读促思，以读悟情。同时，教师非常重视词语的教学，如对"截肢"、"棘手"、"鸦雀无声"等词语的理解，对学生感悟语言、体会人物情感，起到了催化作用。教师在学生理解课文内容之后，创设了一个语言训练的契机："此时此刻，你一定有很多话想说，最想对谁说？说些什么？"并提供了许多珍惜生命、自强不息的典范人物，让学生在感动与表达过程中加深对课文思想内容的理解，让理解和表达相互促进。

二、基本共识

1. 关于同课异构。同样的内容，不同的处理方式和教学策略，产生了不同的教学效果。每种设计方案都可以找到自己的理论依据，大家在交流时会发现自己的想法越辩越清晰，并由此打开了教师的教学思路，彰显了教师的教学个性，体现了资源共享、优势互补。整个活动不仅为骨干教师们营造了一个有效、务实、探究的教研氛围，搭建了互动交流的平台，展示了执教老师个人的教学魅力，发扬了团队协作的精神，提升了骨干教师的教研能力与教学水平，同时也让参与本次活动的其他组的骨干教师通过比较、借鉴，在实践中提高了教学水平，增长了教学智慧，更好地促进了我们教师群体的专业发展。

2. 关于中年级阅读教学。（1）中年级阅读教学中不仅要注意引导学生理解一些词语并总结理解的方法，而且要抓住课文中最能反映人物品质、事物特点的关键语句，引导学生通过想象、朗读、换位体验等方法，走进人物的内心世界，让事物灵动于学生心中。（2）根据课文表达特点，结合课后练习设计读写结合点，不失时机地对学生进行语言训练，毋庸置疑应该成为我们每个教师在每篇课文教学中思考的问题。（3）中年级阅读教学注意了引导学生初步把握课文主要内容，而且应该以更适合学生接受的方式，如填空、连词说话等，让学生把握课文主要内容并落到实处。（4）为了更好地发挥选文的作用，教师应该根据课文所在的单元主题，结合课文内容，一篇带多篇，适度拓展学生的阅读视野，引领学生在阅读中积淀底蕴。

三、我们的问题

课堂教学的过程是教师、学生、教材、环境四者互动生成的过程。课堂教学追求的是互动生成。同课异构是集体备课的一种形式，在集思广益的过程中，易使教学预设偏于精细和完整，但也在一定程度上阻碍了课堂精彩生成的产生。同时，这种精细和完整往往会在一定程度上束缚上课教师的思维。如何有效地解决这些问题，使同课异构这朵教研之花常开不败，需要不断探索。

四、我们的思考

顾名思义，同课异构重在比较和交流。通过小组独立备课、同伴互相听课、参与教师课后评议反思等环节，营造了浓厚的教研氛围，加强了研修组之间的教学互动，提高了课堂教学的有效性。

研修小组开展的这次同课异构具有以下三个方面的特点：

第一，彰显个性，但不排除共性。由于此课教学是基于小组独立备课，加强了小组内部的交流与碰撞，有利于教师们寻找和把握相同学科有效教学的一般规律。

第二，共同主题，便于比较和提高。在同一主题之下，两组教师分头备课、上课，之后评议切磋，有助于教师同伴之间互相学习。在比较中鉴别，在鉴别中提高。同组教师在同一主题的任务驱使下，避免了随意性和简单重复。通过总结，形成了基本观点和教学策略——既注意文本的知识点，更注意说明表达的语言形式，有效的教研推动了有效教学的实现。

第三，活动基于备课组，更具有可操作性。若将同课异构作为校本教研的切入点，就能够在同年级教师之间寻找到更多的共同话题和思维点，便于同年级组的教师参考借鉴，提高教学质量，增强校本教研的实效性和课堂教学的有效性。

毋庸置疑，要提高课堂教学的有效性，就要积极寻找实现有效教学的突破口。研修小组开展的同课异构教研活动，可以作为实现有效教学的重要抓手坚持下去。通过这样的研究，锻炼教师们研究的嗅觉，培养教师们思考的习惯，激发教师们研究的热情，帮助教师们总结研究的方法，提升教师们专业发展的水平。

五、教学模式展示

教学模式是依据教学思想和教学规律而形成的在教学过程中必须遵循的比较稳固的教学程序及其方法的策略体系，包括教学过程中的诸要素的组合方式、教学程序及其相应的策略。教学模式与教学方法有联系，但不等于教学方法，它与我们平时说的讲授法、谈话法、演示法等不属于同一个层面。模式不是一种计划，计划只是模式的外在表现形式，否则，教师的备课教案、学校的工作安排都可以称为模式了。教学模式是一种教学原理结构形式，但它与教学理论比较起来，更加接近于教学实践。它是一种简约化的教学理论表达形式，是对教学经验的概括。

农村骨干教师作为所在教师群体中的优秀者，在长期的教学实践中已经形成了一些比较适合于农村中小学课堂的教学模式。这些模式在操作程序和实施策略上有许多有价值的东西，让农村骨干教师提炼教学模式的实质就是让他们理性地认识自己的教学，梳理自己在教学上的一些好做法，从自己已有的有效教学方式上去修改、完善教学模式。前期培训中已经对新教学模式建构进行了方法引领。在行动研修阶段，农村骨干教师已经有意识地思考了自己的教学模式，他们对构建教学模式已经有了一些感性与理性的认识。让农村骨干教师们展示教学模式，一是对他们前期培训成果的肯定，让农村骨干教师的教学模式得以交流；二是让农村骨干教师在交流碰撞中得以诊断、得以提升，为进一步完善自己的教学模式，形成教学子模式群提供支撑。

活动流程：

前期准备—小组交流—全班交流—同行点评—专家点评—小讲座

活动策略：

A. 农村骨干教师需要在中期集中培训前对个人教学模式进行有意识地归纳整理，形成比较规范的交流发言稿。格式最好为：模式名称＋模式流程＋模式特点＋教学案例＋适用范围。

B. 在中期集中培训时，用半天时间开展教学模式展示交流活动。

C. 为让所有人能够参与，先分组交流，再全班交流。小组交流由组长主持，成员依次介绍自己的教学模式，组员评点，最后推选出 1～2 名优秀者参加全班交流。

D. 全班交流由学科专家主持，主持人要营造宽松环境，组织农村骨干教师对小组代表的教学模式进行质疑。

E. 由学科专家归纳性点评。点评既肯定教学模式的优势，又指出教学模式中需要完善的地方。

F. 学科专家小讲座渗透观点。

【案例 6－4】

语文评讲课五步教学模式

不同的老师，针对不同的教学对象，语文评讲课的模式可能都不相同，我在日常教学中对语文评讲课进行了有意识的归纳，总结出语文评讲课的五步教学模式："呈现答案—讨论或反思—针对性评讲—相同或变式训练—总结（师生共同完成）"。

1. 呈现答案：在学生完成练习后，及时将答案呈现给学生。

2. 讨论或反思：学生针对答案进行讨论，或者自己对照答案进行反思。

3. 针对性评讲：教师根据学生完成练习情况，有选择、有重点地进行针对性评讲。

4. 相同或变式训练：对重点知识进行巩固训练或者变式训练。

5. 总结：师生共同进行总结，归纳出同类题型的解题思路、答题技巧等。

附：课堂教学案例

下列各句中，没有语病、句意明确的一句是（　　）

A. 诚信教育已成为我国公民道德建设的重要内容，因为不仅诚信关系到国家的整体形象，而且体现了公民的基本道德素质。

B. 以"和谐之旅"命名的北京奥运火炬全球传递活动，激发了我国各族人民的爱国热情，也吸引了世界各国人民的高度关注。

C. 今年4月23日，全国几十个报社的编辑记者来到国家图书馆，参观展览，聆听讲座，度过了一个很有意义的"世界阅读日"。

D. 塑料购物袋国家强制性标准的实施，从源头上限制了塑料袋的生产，但要真正减少塑料袋污染，还需消费者从自身做起。

1. 呈现答案：D

2. 讨论或反思：讨论A、B、C选项的错误，并修改。

3. 针对性评讲：B、C的错误类型已经复习过，可以请同学评讲。A项的错误类型是第一次给学生介绍，老师评讲时作为重点。

4. 巩固训练：

①现在，有些网站可以提供免费的个人主页，你只要将想公布于众的个人信息放在指定的位置上，网民就可从中了解到你的个人情况。

②虽然他们在探索真理的道路中，经历了许多痛苦，但始终信心百倍，矢志而弥坚。

5. 总结：

关联词与主语的位置：

（1）当前后分句主语相同时，关联词放在主语的后面。

（2）当前后分句主语不同时，关联词放在主语的前面。

（峨眉二中　唐良）

六、有效教学研讨

有效教学指教师遵循教学活动的客观规律，以尽量少的时间、精力和物力投入，取得尽可能多的教学效果。教学的有效性包括如下三重意蕴：（1）有效果，指对教学活动结果与预期教学目标的吻合程度的评价。（2）有效率。教学活动是一种精神性生产活动。教学效率可表述为：教学效率＝教学产出（效果）/教学投入，或教学效率＝有效教学时间/实际教学时间。（3）有效益，指教学活动收益、教学活动价值的实现，即对教学目标与特定的社会和个人的教育需求是否吻合程度的评价。

有效教学研讨是中期集中培训的核心环节，也可以说是对课堂观摩、名师引领、教学模式展示、同课异构等环节的总结、提升。以上各个环节的研修活动，目标是聚焦课堂，着力于提高课堂教学的有效性。如果说前面的研修活动是以课例为载体，深入到课堂有效教学的具体环节，那么本环节的活动就是要把有效课堂教学提升到理性认识的高度，把对有效教学的追求内化为农村骨干教师的认知结构，变为农村骨干教师的课堂教学的理想信念。

活动流程：

前期准备—各环节活动中反思—小组交流—全班交流—专家点评—专家小讲座

活动策略：

A. 在中期集中培训前，通过培训通知的方式引导农村骨干教师利用网络、书刊相关文章的理论学习，初步形成对有效教学的认识，形成5分钟内的交流发言稿。

B. 在中期集中培训开班典礼时，引导农村骨干教师在聚焦课堂的各环节研修活动中注意反思自己的课堂教学活动，完善自己对有效教学的认识。

C. 用半天时间开展有效教学的研讨交流活动。

D. 让所有人能够参与，先分组交流，再全班交流。小组交流由组长主持，成员依次介绍自己对有效教学的认识，组员评点，最后选出1~2

名优秀者参加全班交流。

E. 全班交流由学科专家主持，要营造宽松环景，组织小组代表依次发表对有效教学的看法，组织其余农村骨干教师在小组代表发言结束后对有效教学各抒己见。

F. 最后由学科专家对大家的发言进行归纳性点评。

G. 学科专家通过小讲座的形式谈自己对有效教学的认识，对农村骨干教师进行专业引领。

本环节活动的关键在于要引导农村骨干教师有所思，能畅所欲言，有思想的碰撞。

有效教学的理念

钟启泉

我国目前的中小学教学有一个非常突出的问题，那就是"教师很辛苦，学生很痛苦"。如何才能提高教学效率？笔者提出了——有效教学的理念。

一、背景

有效教学的理念源于 20 世纪上半叶西方的教学科学化运动，在美国实用主义哲学和行为主义心理学影响的教学效能核定运动后，引起了世界各国教育学者的关注。20 世纪以前在西方教育理论中占主导地位的教学观是"教学是艺术"。随着 20 世纪以来科学思潮的影响，以及心理学特别是行为科学的发展，人们意识到，教学也是科学。教学不仅有科学的基础，而且可以用科学的方法来研究。于是，人们开始关注教学的哲学、心理学、社会学的理论基础，以及如何用观察、实验等科学的方法来研究教学问题。有效教学就是在这一背景下提出来的。

二、核心思想

有效教学的核心就是教学的效益，即什么样的教学是有效的？是高效、低效还是无效？

所谓有效，主要是指通过教师在一段时间的教学后，学生所获得的具体进步或发展。教学有没有效益，并不是指教师有没有教完内容或教得认不认真，而是指学生有没有学到什么或学生学得好不好。如果学生不想学或者学了没有收获，那么教师教得再辛苦也是无效教学。同样，如果学生学得很辛苦，但没有得到应有的发展，也是无效或低效教学。因此，学生有无进步或发展是教学有没有效益的唯一指标。

三、教学理念

● 关注学生的进步和发展。首先，要求教师有"对象"意识。教学不是唱独角戏，离开"学"，就无所谓"教"，因此，教师必须确立学生的主体地位，树立"一切为了学生的发展"的思想。其次，要求教师有"全人"的概念。学生发展是全面的发展，而不是某一方面或某一学科的发展。教师千万不能过高地估计自己所教学科的价值，也不能仅把学科价值定位在本学科上，而应把学科价值定位在对一个完整的人的发展上。

● 关注教学效益，要求教师要有时间与效益的观念。教师在教学时既不能跟着感觉走，又不能简单地把"效益"理解为"花最少的时间教最多的内容"。教学效益不取决于教师教多少内容，而是取决于对单位时间内学生的学习结果与学习过程综合考虑的结果。

● 关注可测性和量化。如教学目标尽可能明确与具体，以便检测教师的工作效益。但是，我们并不能简单地说量化就是好的、科学的。应该科学地对待定量与定性、过程与结果的结合，全面地反映学生的学业成就与教师的工作表现。因此，有效教学既要反对拒绝量化，又要反对过于量化。

● 需要教师具备一种反思的意识。每一个教师要不断地反思自己的日常教学行为："我的教学有效吗？""什么样的教学才是有效的？""有没有比我更有效的教学？"

● 有效教学也是一套策略。它要求教师掌握有关的策略性知识，以便于自己面对具体的情景能做出正确的决策，并不要求教师掌握每一项技能。

[选自《为了中华民族的复兴，为了每位学生的发展——〈基础教育课程改革纲要（试行）〉解读》，钟启泉、崔允漷、张华主编，华东师范

大学出版社 2001 年 8 月版〕

七、总结、布置任务

　　农村骨干教师成长研修是一个系统持续的过程，中期集中培训只是其中承前启后的一个环节。在本次培训中，对前期的行动研修、远程培训进行总结考核，对前期培训中存在的问题进行总结，对学员的需求进行调查，尤其是要对后期的研修活动进行引领。

　　对前期培训总结要挖掘骨干教师在远程研修、行动研修中主动学习、完成规定任务、创造性地自我发展的典型案例，对优秀学员进行表彰，对存在学习问题的学员要给予补过的机会，要重视调查学员的学习需求。

　　对后期研修活动的引领，一要注意对学员的精神鼓励，二要进行具体方法的引领，三要布置具体的研修任务。

【案例 6－6】

乐山市第四批中学骨干教师中期培训安排表（一、二班）

时间		形式	主要内容	主持主讲	称号、单位	地点
集中培训前		网上研讨	教学模式、有效教学展示研讨	师培中心		乐山教师教育网
12 月 21 日			报到	张忻	市师训中心	市师训中心
12月22日	8：50～9：35	名师课堂	英语：12 模块 1 单元（初二）	俸洁	成都市学科带头人、成都市七中育才学校	乐山外国语学校讲学厅
			数学：圆锥曲线复习课（高二）	毛昌盛	成都市学科带头人、川师附中	乐山外国语学校阶梯教室
	9：45～10：30	骨干示范	英语：10 模块 1 单元（初一）	唐志群	省级骨干教师、乐山九中	乐山外国语学校讲学厅
			数学：数列的求和（高一）	彭建怀	省级骨干教师、五通桥中学	乐山外国语学校阶梯教室

续表

时间		形式	主要内容	主持主讲	称号、单位	地点
10：40～12：00		名师引领	英语：英语有效课堂教学目标的确定与达成	薛玉兰	成都市学科带头人、成都市锦江区教师进修校	乐山外国语学校讲学厅
			数学：有效课堂与高考	毛昌盛	成都市学科带头人、川师附中	乐山外国语学校阶梯教室
14：30～15：15		课堂展示	英语：warming up（高二）	蔡秀兰	市骨干教师、乐山外国语学校	乐山外国语学校讲学厅
			数学：一元二次方程复习（初三）	宋继平	市骨干教师、夹江实验中学	乐山外国语学校阶梯教室
15：25～18：00		小讲座、互动研讨	英语：结合课例与自己的教学实践研讨：怎样提高教学有效性	郭红英	市教科所英语教研员	乐山外国语学校讲学厅
			数学：结合课例与自己的教学实践研讨：怎样提高教学有效性	程文华	市教科所数学教研员	乐山外国语学校阶梯教室
2月23日	8：30～12：00	分组展示交流互动研讨	英语：个性教学模式展示交流	郭红英	市教科所英语教研员	市师训中心
			数学：个性教学模式展示交流	程文华	市教科所数学教研员	市师训中心
	14：00～15：30	专业引领	深度研修	许泽能	市师训中心	市师训中心
			把成长进行到底	刘远胜	副教授、市师训中心	
	15：40	结业典礼	颁发远程培训、中期培训合格证	万新		市师训中心

2008年12月21日至23日（一班英语58名，二班数学55名）

班主任：万新、张忻、许泽能

培训说明：

一、参培教师上午8：30入场，下午2：00入场，在指定位置就座。

二、全程参与培训活动，完成以下任务：

1. 积极参加课堂教学观摩、展示、交流和研讨。

2. 参加培训的骨干教师进行个性课堂教学模式介绍和有效教学探讨。

3. 2008年12月22日之前，在乐山教育论坛—中学骨干教师—中期培训—相关班级—教学模式展示或有效教学认识栏目提交相关内容，并

对两个以上别人的展示作品进行点评。（http：//61.139.52.68/）

4. 填写乐山市骨干教师中期考核表（报到时交班主任）、骨干教师培训需求调查表、培训反馈表。

【案例6-7】

聚焦课堂有效培训
——乐山市中学骨干教师中期培训小结

2008年12月22日至2009年3月20日，由市中小学教师培训中心承办的中学骨干教师培训分语文、数学、英语、政史地、生物化学、物理计算机、体育等七个班依次举办了中期培训，共有286名市级中学骨干教师参加了培训。

一、调查研究，确立方案

乐山市中学骨干教师培训以教师专业成长为主题，按照省教育厅骨干教师"选、培、管、用"的要求，以三年为一个周期，通过自主学习、前期集中培训、远程研修、行动研修、中期集中培训、深度研修、总结提升七个阶段，使骨干教师在专家引领下，重塑专业精神，在团队中学习、探究中学习、体验中学习、网络中学习、行动中学习，培养师德修养，习得专业知识，提升专业技能，形成个性教学风格，从而实现专业成长突破。

乐山市中学骨干教师培训于2007年12月启动，已经经历了自主学习、前期集中培训、远程研修和分散行动研修几个阶段。在前期集中培训中，已经对学员进行了专业精神的激励和成长方法的引领。随后，骨干教师们利用全国教师继续教育网上丰富的资源进行了远程培训和分散行动研修，以后还有深度研修、总结提升。因此，中期集中培训在整个培训周期中起着承前启后的作用。

为了做好中期集中培训，我们专门进行了骨干教师需求调研。通过部分骨干教师的跟踪访谈、网络和电话调查发现：（1）骨干教师希望观摩优秀教师的课堂。（2）骨干教师希望有实践经验的名师给予他们具有针对性的引领。（3）骨干教师希望进一步扩大团队成员之间的交流。通过调研，我们还发现：骨干教师们科研能力不强，多数骨干教师的发展视野还仅仅局限于怎样让学生考出好成绩上，一些骨干教师对我们三年一个周期的培训还缺乏理性认识，一些骨干教师对肩负的辐射示范作用还不够重视。

基于以上情况，中期集中培训设置了三个主题：一是聚焦有效课堂，分学科进行有效课堂观摩、研讨和引领；二是对远程培训和行动研修进行总结；三是对下一阶段深度研修的任务进行布置与动员。中期集中培训着力于训练骨干教师的课堂教学专业技能，着力于引导骨干教师通过借鉴与反思建立自己的有效教育教学经验系统。

二、聚焦课堂，有效培训

1. 网络交流——中期培训前的自主学习

学员在中期培训两月前便开始围绕有效教学和个性教学模式进行自主探究，撰写发言稿，把发言稿发布在乐山教育论坛上进行交流，并且对别人的发言稿进行点评。填写《乐山市骨干教师培训中期考核表》，在考核表的引领下完善校本研修任务，使前期培训得以提升。

2. 课堂观摩——多层次体验名师教学

中期培训聚焦有效课堂教学，分别邀请了成都七中、四川师大附中、成都市盐道街中学、成都市双流中学的俸洁、毛昌盛、肖龙云、黄万红、李磊、黎国胜等6名成都市特级教师、学科带头人、名师和乐山市唐志群、彭建怀等5位省级骨干教师上示范课，安排了谢红、张俊如等12位市级骨干教师上展示课，课型涉及新授课、复习课、实验探究课、评讲课，内容根据进度随机安排，使参训骨干教师观摩了不同层次教师真实状态的课堂教学风采，体验了许多有价值的教学方式。

3. 名师讲座——有针对性地实践引领

在培训中，我们还邀请了成都锦江区教研员刘远信、薛玉兰等7位学科专家就当前课堂教学中的热点问题做了《激扬生命活力　提升课堂实效》、《初高中教与学的衔接》等名师专题讲座，对骨干教师们进行了有针对性的实践与理论引领。

4. 案例研讨——切入有效教学的本质

  案例研讨是针对名师课例和骨干教师自己的课例，以有效教学为主题展开互动研讨。为了让研讨有效，学员在中期集中培训前就针对有效教学的本质进行了自主研究，并在乐山教育论坛进行了网上交流。中期集中培训时学员们分组进行了深入研讨交流，形成小组意见，由小组形象代言人在全班交流。研讨活动由黎国胜、程文华等省市学科专家主持，主持人组织学员小组讨论，全班交流，点评学员发言，归纳学员观点，用小讲座的形式渗透自己的观点。研讨活动让学员与学员互动，学员与专家互动，在经验的交流中，观点的碰撞中，学员们理清了有效教学课堂教学思路，学到了知识，提升了能力，增强了信心。

  5. 展示交流——学员实践智慧成为培训资源

  展示交流是骨干教师人人展示自己的个性教学方法、教学模式。展示活动的程序为：先小组交流，再选拔部分优秀者在全班交流。通过个性教学模式的展示活动，很好地挖掘了学员的实践智慧，把学员作为培训资源。展示活动特意指定部分优秀学员担任主持，主持人负责组织小组交流，点评全班交流发言，归纳学员观点，锻炼了学员，拉近了学员之间的距离，进一步让学员明确了身上的骨干辐射责任。

三、布置任务，后续引领

  中期集中培训用两个小讲座对骨干教师培训下一阶段的研修活动进行了引领。刘远胜副教授的《把成长进行到底》专题讲座，给学员们分析了骨干教师的成长规律、荣誉与责任，鼓励骨干教师们超越自己，做最好的自己。许泽能老师的《深度研修》专题讲座，要求骨干教师们通过名师寻访、专业阅读、策略研究、模式探索、学术推广等途径着力建构起自己的教学经验系统，实现成长突破；要求骨干教师实实在在地研修，寻求成长突破，在乐山教育论坛相关栏目上交流研修内容，汇编成长研修作品集。

四、任务驱动，严格考核

  中期集中培训布置了明确的培训任务：全程参与中期集中培训，在网络论坛上发帖交流，参与有效教学研讨交流，参与个性教学模式交流等，把这些内容作为中期集中培训合格的必要条件。由于培训的任务明确，许多学员非常珍惜学习机会，全程参与培训，认真听课，认真笔记，在小组交流中畅所欲言，主动在全班交流中发言，取得了很好的学习效果。

中期培训还对前期远程研修和行动研修阶段的情况进行了考核。从考核情况看：骨干教师们完成了自学书目的学习，开展了课题研究，进行了个性教学模式的提炼，在校级以上上公开课，在校级以上举办讲座或专题发言，在校内指导青年教师，在乐山教育论坛上发表教育叙事文章，许多教师的文章在各级书刊报纸上公开发表。

到 2009 年 3 月 20 日，参加中期集中培训的 286 名骨干教师获得了培训合格证书。

五、培训的亮点

1. 既满足学员需求也引领学员需求。中期培训把名师课堂观摩与学员课堂展示相结合，学科专家讲座的理论实践引领与学员互动研讨的经验交流碰撞相结合，把学科知识技能的学习与关注专业的成长相结合。学员们感到此次培训既贴近一线实践又有理论高度的引领，既有观摩接受式的学习，又有激发学员参与互动的学习，很有实效性。

2. 把中期集中培训设计为三年培训周期，着力引导骨干教师建构起自己的有效教育教学经验系统，从而促进了教师成长。

3. 通过组建由省内名师、市内省级骨干教师、市级优秀骨干教师、学科专家构成的优质培训师资队伍，使培训针对性、实践性和引领性大大增强。

4. 选定优秀学员作为个性教学模式主持人，要求他们点评归纳，锻炼了一批骨干教师。

5. 班主任全程参与并引导培训活动，成为实现培训理念的主导者，突破了班主任在以往培训中只是管理者的弊端。

六、问题与对策

1. 两个班甚至三个班同时进行培训，管理难度大，培训理念在不同班级的落实不平衡，培训效果参差不齐。最好还是一个班一个班地进行，这样便于组织管理。同时，要加强组织管理者与上课教师、主持人的沟通，使大家凝聚在同一个理念下设计组织培训活动。

2. 中学数学班、英语班的中期集中培训安排在临近考试的学期末，其他班安排在要迎接中考的上半年，导致部分学员心牵班级考试，难以静心学习。培训时间设计在每年10～11月相对比较合适。

3. 每个班既有初中教师又有高中教师，尤其是少数教师学科的混合编班虽然有利于初高中衔接，有利于学科融合，但在课堂观摩时难以充分满足教师需求。最好还是初高中分别编班，这样利于更加有针对性地设置实践性课程。

4. 语文班、化学班培训时间与教科所高三教研会时间重合，导致部分教师两边兼顾，顾此失彼。以后要加强与其他培训机构的沟通协调，避免此类事情发生。

吾生也有涯，
而知也无涯。
——庄子

第七章　深度研修

——建构有效教学经验

　　农村骨干教师成长研修培训在经历了自主学习、前期集中培训、远程研修、行动研修、中期集中培训五个阶段之后，专业精神已经被激发、专业知识得到丰富、专业技能得到提升，但农村骨干教师还需要继续成长，深度研修就是要引导农村骨干教师向成长的更高层次推进。

　　深度研修就是要有别于以前各个阶段的研修。深度研修意味着本阶段要在以往研修的基础上，从表层走入深层，这个深层的实质就是农村骨干教师要从被动学习转为自主的专业研修，在专业研修中建构起自己的有效经验系统，形成属于自己的教育教学风格。

　　从骨干教师的成长经历来看，骨干教师主要是基于实践"干"出来的。他们通过多年的努力，积累了丰富的有效教育教学经验，具备了一定的教育智慧，能熟练地应对所从事的教育教学工作，逐渐成为所在教师群体中的佼佼者。他们的成长不是虚无的成长，而是与教学行为血肉一体的具体成长。他们专业发展的本质，归根到底体现在教师对教学效能提升的水平上。他们的成长是基于有效经验，为了有效教学。他们的专业成长过程就是他们的有效教学经验生长过程，他们的教学经验提升是他们专业素养提升的核心内容。因此，基于有效经验建构应该是农村骨干教师成长的一个重要价值取向。农村骨干教师成长的标志是形成了一套融入专业精神、专业知识、专业技能的有别于他人的有效教学经验体系，形成有效的个性教学风格。因此，农村骨干教师成长研修在重视理论学习、知识拓展、技能训练的同时，应该把基于实践进行有效教学经验建构作为重要研修内容和成长途径。深度研修的任务就是要引导农村骨干教师主动建构有效教学经验体系，使农村骨干教师突破成长高原期，进入创造期。

有人认为，要实现专业成长就是要使农村骨干教师从经验型教师成为科研型教师。这种提法强调了教师的行动方式，强调了教师理性地认识教育教学工作。教育经验型教师由于固守其已有经验，不求改变，最终不能突破高原平台期而进入职业衰退期。科研型教师则积极投身于科研实践中，勇于探索、勤于思索，在研究过程中养成探索的思维态势和创新的思想方法，通过问题的不断解决掌握教学规律，提高自己的教学水平。但是，教师无论具备了多么高深的理论，他们都需要去面对教学实践中的问题，这就意味着他们需要把教学理论转化为实践中的具体做法，但教学理论转化为教学实践中的具体做法并不是一件容易的事，它必须要有实践智慧做支持。此时需要的经验，教师们不是太多，而是太少。教师在问题的解决中能够形成新的经验。这种经验不是经验型教师一成不变固守的经验，而是不断丰富的鲜活经验。这些经验如果被验证，就成了理论。教师经验的不断建构，形成完整的经验体系，就能从容地解决教育教学方面的实践问题，把有效经验上升到理论高度。在这种情况下，教师的专业成长就成为可能。

建构有效教学经验的理论基础是建构主义。现代建构主义的学习观是以学习者为中心的，它表现为三个方面：

1. 现代建构主义把学习看做学习者主动建构内部心里表征的过程

"学习是建构内在的心理表征的过程，学习者并不是把知识从外界搬到记忆中，而是以已有的经验为基础，通过与外界的相互作用来建构新的理解。"学习要建构关于事物及其过程的表征，但它并不是外界的直接翻版，而是通过已有的认知结构（包括原有知识经验和认知策略）对新信息进行加工而建构成的。

2．学习过程同时包含两方面的建构

（1）新信息的理解是通过运用已有经验和超越所提供的信息建构成的。（2）从记忆系统中所提取的信息本身，也要按具体情况进行建构，而不单是提取。建构是对新信息的意义的建构，同时又包含对原有经验的改造和重组。

3．学习者之间的合作有利于增进理解

学习者以自己的方式建构对于事物的理解，从而不同人看到的是事物的不同的方面，不存在唯一的标准的理解。但是，通过学习者的合作可以使理解丰富和全面起来。当今的建构主义者认为，事物的意义并非完全独立于我们而存在，而是源于我们的建构，每个人都以自己的方式理解到事物的某些方面，教学要增进学习者之间的合作，使他们看到那些与自己不同的观点，合作学习非常重要。

从建构主义的观点可以看出：主动建构、已有经验、新信息、改造、重组、超越、合作是其中的关键词。农村骨干教师建构有效教学经验必然是基于实践在已有教学经验上主动建构，通过不断借鉴新信息、改造重组自己的已有经验，建构起新的有效教学经验，超越已有的教学经验，从而获得成长。

因此，农村骨干教师的成长，是建立在已经建构起自己的有效教学经验体系基础上的。要建构，就需要有借鉴、有理论的支撑、有实践、有知识的丰富、有技能的提升，需要有基于实践的创造，创造的经验需要检验，推广运用又成为经验提升的助推器。引导骨干教师基于有效教学经验建构实现成长，应该扎根于骨干教师教学的实践，扎根在有效教学的主阵地上，通过有效经验的广泛借鉴、自觉创造和推广应用实现骨干教师有效教学经验的新建构，使骨干教师逐步构建起自己的有效教学经验体系，实现真正的专业成长。

深度研修的主要任务就是要引导农村骨干教师建构起自己的有效教学经验，在具体操作上，运用以下活动环节：

借鉴有效经验—创造有效经验—推广有效经验—形成成果集

这些环节互为因果关系，借鉴经验是为了更好地创造经验、推广经验，促使更主动地去借鉴经验，创造更多的经验，借鉴、创造、推广三者循环交互，促使农村骨干教师的有效经验得到不断提升，最终建构起有效教学经验体系。

一、借鉴有效经验

人的认识遵循间接经验和直接经验辩证统一的规律。骨干教师的成长离不开他人经验的借鉴，离不开教育理论的引领。他人的有效教学经验可以拓展视野，可以借鉴运用，可以为最终形成自己的有效经验提供原型启发。教师的经验成长首先基于个人的有效经验孕育，书本知识（间接经验）通过转化为实践知识（直接经验）而起作用。

（一）寻访名师

农村骨干教师的专业成长到一定阶段，在所处教师群体中一枝独秀，往往找不到成长的高度，发展逐渐缓慢。寻访名师就是要把名师作为标杆，通过系统研究名师教学艺术、教学思想、教学经验、成长经历来反思自己的教学实践、改进教学实践。名师之所以为名师，是因为名师有独到的教学艺术，名师的经验产生了广泛影响，名师带动了一批优秀教师的成长。名师的寻访应该扩大范围，不要局限于本地名师，关键在于更大范围地寻找适合自己的名师。为了让借鉴行为更加有效，可以运用名家课堂"翻唱"的形式，模仿名师课堂，体验名师教学，有效借鉴名师教学，形成自己的有效经验的专业借鉴行动策略，习得有效经验的借鉴方法。

基本环节：

阅读名师—观摩名师课堂—实践借鉴—反思—实践

活动策略：

A. 向农村骨干教师推荐名师，引导农村骨干教师通过购买名师专著阅读、网上搜寻名师等方式系统研究名师教育思想、教学经验、教学艺术，探究名师成功背后的专业精神。

B. 通过光盘或者网络的方式观摩名师课堂，认真揣摩体会其教学艺术。

C. 运用"名家翻唱"或者部分借鉴的方式，模仿名师课堂，体验名师教学，有效借鉴名师教学经验。

　　D. 通过网络等形式与同学科骨干教师交流借鉴实践情况，获得同行的点拨。

　　E. 反思自己的借鉴行为，努力寻找名师有效教学经验与已有经验的链接点，在自己的教学实践中重构。

【案例 7－1】

我的名师寻访记

　　名师，在我心中一直是崇高的、神圣的，可望而不可即。

　　每次，只要听说是名师的课或讲座，我都是以仰视的心态去看，去听。这次培训后，老师要求我们深入地学习和研究一位名师的教学理念和方法。回来后，我怀着激动的心情在网上四处搜寻，希望能找到一位自己喜欢的教学风格的名师。名师太多了：支玉恒、窦桂梅、王崧舟……每一位名师、专家都有值得我学习的地方，简直让我目不暇接、无从选择。于是，我决定博采众长。

　　我接触的第一位老师是王崧舟。我在网上听了他几节课："一夜的工作"、"荷花"、"长相思"，还听过他的讲座《文本细读，徜徉在语言之途》。总的感觉是令人耳目一新。"荷花"一课，王老师以培养学生语感为目标，在教学中抓住一个地方进行发挥、辐射，让学生在品味语言的过程中积累语言，最后达到形成语感的目的。以前我也上过"荷花"这一课，虽知"冒"的重要，但只是粗浅地让学生通过换词来比较语言的不同。王老师却以"怎么样的长才叫冒？"这一问题引导学生去深入领悟语言，使学生轻松地、水到渠成地体会到了课文用词的精准和中国语言的魅力。《长相思》这首诗歌的教学更是给我的诗歌教学开了另一扇窗口。以往我们大多数老师对古诗词的教学都感到枯燥乏味——朗读、理解、背诵。然而王老师的这一课，紧扣朗读、想象、悟情三个环节展开。特别是读，王老师在朗读上的引导、训练确实是恰到好处、实实在在。整堂课教室里书声琅琅，自读、指名读、齐读、默读、想象读、导读，形式多样，学生在一次次朗读中体会诗歌意境，感悟诗人情意，一点儿也不疲倦和厌烦。在课堂上，学生的情绪高涨，到最后学生确实能从干巴巴的读到有滋有味、有感情地读。我想，这不就是我们想要的教学效果吗？让学生在快乐中轻松地学习！

（峨眉山市高桥小学　骆秀明）

（二）专业阅读

农村骨干教师专业阅读不仅是指所谓"开卷有益"的一般性阅读，更是指重在提升教师人文内涵、文化品位、精神品位、人格品位和思维品位为目的的职业性阅读。其根本目的是提高教师的思维品位和理论品位，同时也包括以学习、模仿和借鉴为目的的实用性阅读，主要是指阅读教育教学参考书。教师专业阅读首先要读点教育类名家名著，有选择地阅读一些提高教师自身教育教学实践能力的教育理论图书。阅读教育名家名著，如苏霍姆林斯基的《给教师的建议》、杜威的《民主主义与教育》。骨干教师专业阅读不仅包括书刊的阅读，还包括网络的阅读。骨干教师专业阅读为骨干教师广泛借鉴间接经验而创造自己的经验奠定基础。

基本环节：

推荐书目、介绍方法—开展阅读—实践运用—反思交流

活动策略：

A. 读自己的专业书——拓宽加深专业基础。读学科专业书是立身之本，无论什么时候、什么条件下都要把学科专业书读好。

B. 读教育报刊——了解同行在想什么。报刊具有信息量大、方便快捷的优点。订阅报刊能丰富生活内容，提高生活品位，从中获得信息，增长知识才干；还可培养健康、文明、积极向上的生活方式，增添生活情趣和欢乐。对于自己的报刊，看过了可以分门别类剪贴；对于有用的资料，可以分类做成卡片；对于有关专题的资料，可以制成索引，这样查找起来非常快捷；对于感兴趣的文章，可以完整地复印备查；为了加深印象，可以摘抄相关段落。特别要收藏报刊每年最后一期的总目录，以方便查寻。

C. 读教育经典——以史为鉴。真正的教育理论永远不会过时，总是那样永恒而平易。如《论语》记载的孔子的教育思想和教学方法，蔡元培的"发展个性、崇尚自然"的教育观，陶行知的"教学结合，生活即

教育，社会即学校"的教育思想，叶圣陶的"教是为了不需要教"的教学观点。这些名家的书应很好地读一读。

D. 读人文科技书籍——开阔视野。阅读古代史、近代史、现代史和马克思主义哲学，阅读文学名著、名人传记，常看小说、散文等，阅读现代科技书籍。

E. 讲究读书方法。读书是学习。在读书学习上要注意三个结合：①结合实际工作学。干什么工作就学什么，想什么就学什么。②结合问题学。有书不一定系统地读。如果结合要解决的问题有针对性地学，会事半功倍。③结合撰写论文学。读书—思考—实践—写作，这是学习的四部曲。把读书与思考、读书与实践、读书与写作结合起来，可以相得益彰。由于带着问题学习，解决一个难题，于是就扩展了一部分知识，开辟了一个领域，创造出新的成果。写文章既是研究成果的积累和展现，又是学习和运用教育理论的最好方法。

F. 农村骨干教师的专业阅读要取得效果，培训机构需要布置一些引导性的读书任务。同时，读书的实践运用效果和反思可以通过网络进行交流。

【案例 7－1】

查有梁教授 40 年教学的 20 条经验

1. 备课时要对三套不同的教材进行比较，选择确定较适合学生的教学内容和方法。70％左右要紧扣正在使用的教材，30％左右要纵横渗透，作相关发挥。

2. 在假期中把新学期的课完全备好，包括各次考试的题目，要有一个整体的备课框架，然后才上课。最好的教学策略是按照"整体—部分—整体"进行教学。

3. 备课要掌握教材的整体结构，要深入了解学生的现状与需求，广泛搜集相关资料，合理取舍讲课内容。只能讲授学生能听懂的内容，不能讲授学生无法理解的内容。

4. 上课怎样开头，怎样结束，要反复推敲。开头要激发兴趣，结束要让人回味。开头和结束都力求短小精悍，切忌拖泥带水。板书要清楚明了，重点和关键要突出鲜明。教师上课要守时，决不压堂。

5. 上课要关注每一位学生，要使绝大多数学生都能真懂。在让学生思考、操作、讨论时，学习优秀学生和学习相对落后学生应有区别，要因材施教，要使学习优秀学生感到有一定难度，要使学习相对落后学生感到自己在进步。

6. 要善于提出恰当的问题，要让学生有独立思考和独立操作的时间。一堂课要有动有静，有张有弛，有严肃有笑声。每一堂课的精华之处一定要放慢速度，让学生能铭刻在心。

7. 教学过程的关键是"交流—互动"。教师要依据教学内容和学生实际，尽可能让学生自己活动。学生的听、说、读、写、议、辩、练、评要交替进行。

8. 每次上课后，要及时记下自己的成功之处和不足的地方；要写"教学日记"，随时总结经验，自觉进行反思；要及时将教学经验上升到模式建构，从个别上升到一般。

9. 千方百计让成绩相对落后的同学考出好成绩，一定要增强每位学生的自信心，激发学生的学习兴趣，因材施教地改进学生的学习方法，让学生能主动地、体验地、合作地进行学习。

10. 要从逻辑、操作、艺术、交往这些不同的思维方式进行考试，让每一位学生在一学年中都曾有获得前三名的经历，对你的教学留下美好的记忆。

11. 对成绩优异的学生，要让他们深切地知道不进则退的道理，让他们感受到一定压力，保持必要的张力，避免他们盲目自满，但不能伤害他们的自信与自尊。

12. 每次考试后，应立刻将正确答案公布或发给每位学生，让学生趁热打铁，改正错误，巩固知识，打好基础。当天知道作业正确与否，对于有效的学习是十分必要的。

13. 设计教案的核心是设计问题。问题要深浅适度，利于启发学生；问题要有生活背景，能激发学生学习兴趣；问题要有实际意义，为学生今后的学习奠基；问题解答要及时反馈，帮助学生实现知识巩固。

14. 选择思维的问题是："这是唯一的解决办法吗？还有其他解决办

法吗？"要能拓宽学生思路，让学生学会选择。前瞻思维的问题是："如果这样做会出现什么情况呢？"学生对行为后果要有预见。

15. 情景思维的问题是："出现这样的结果满意吗？我在情感上能接受吗？"让学生直觉判断，尝试体验。换位思维的问题是："别人怎样看这个问题？别人会有怎样的感受？"让学生将心比心，设身处地。

16. 要鼓励学生提问题。要将学生的问题集中起来进行系统研究，努力做到针对性强，切实帮助学生解决自己提出的问题。从问题到问题，学无止境。

17. 对学生好的言行要及时给予肯定的回应，对学生不好的言行要及时给予否定的回应。大多数回应是肯定的，否定回应只占少数。对好的言行不要给予否定，对不好的言行不要给予肯定。

18. 每一学年都要调查统计学生喜欢什么样的教师，力争在自己最弱的一项上有所改进，不断提高自身素质，特别要提高教学的艺术性，体现出审美和立美，艺无止境。

19. 每上一节课，要设想全人类都在倾听，要认真负责、实事求是、力戒偏见。要以自己的全部智慧来上好一节课。

20. 要珍惜时间。力争以较少的时间，让学生掌握较多的知识，培养较强的能力，学会独特的审美，发展良好的人格。知识、能力、审美、人格是不可分割的整体。

二、创造有效经验

创造有效经验是指农村骨干教师在一定教学思想指导下，广泛借鉴、勇于实践，在实践中创造自己新的有效教学经验。通过有效教学经验的不断创造，形成更完善的有效教学经验体系，为形成独特教学风格、形成独特教学思想奠定基础，从而实现专业成长的突破。

发展总是从改变开始的，农村骨干教师突破高原平台期的标志是形成持续发展的意识和能力。持续发展能力的实质就是能不断改进自己的教学行为，形成教学效能感。许多教师虽然教龄不短，教学经验也很丰富，几十年教学工作却没有形成自己的特色，其主要原因是思想僵化，固守老一套的教学观念和教学方式方法。创造有效教学经验，强调了农村骨干教师在持续发展中的主动性，意味着有效教学经验是可以去主动建构的，成长是有路可循的。

因此，农村骨干教师成长过程是不断创造有效教学经验的过程，新的教学经验的加入不断完善骨干教师的有效教学经验体系，为骨干教师的专业成长注入内涵。骨干教师的有效经验创造可以基于实践通过扬长补短来实现，这可以从两方面着手：一是从提炼自己已有的有效经验入手，主动思考自己的教学，提炼教学模式，反思教学行为，形成有效的教育教学实践智慧；二是从解决自己在教学中存在的问题着手，在有意识地解决问题中形成自己新的经验。前者是扬长，通过扬长张扬骨干教师自身的优势经验，增强他们成长的信心。后者是补短，通过教学问题的不断解决，建构新的有效教学经验。

（一）问题策略研究

围绕教学中的小问题，开展以寻找有效教学策略为内容的小问题研究，随着一个个问题的解决，逐步形成自己解决问题的策略库。例如有效备课的策略、有效指导的策略、有效互动的策略、有效课堂管理的策略、有效作业的策略等等。策略研究从寻找问题入手，进行问题的现象描述，然后通过头脑风暴、同伴、书刊、网络等寻找策略，并在实践中尝试运用策略、改进策略，最后形成验证后的问题策略。把找到的有效教学策略在实践中做出来、把做出来的说出来、把说出来的写下来，形成固化的有效教学成果。

基本环节：

定向问题—寻找策略—实践运用—反思策略—验证策略—反思提升—经验固化

活动策略：

A. 集中培训时，对农村骨干教师进行寻找有价值的问题、一起寻找解决问题策略的方法培训，为农村骨干教师在深度研修阶段分散研修奠定基础。

B. 引导农村骨干教师从身边的教育教学中去发现问题。例如：课堂上学生提不着边际的问题怎么办？学生识字记得快，忘得也快怎么办？新课程的三维目标在教学设计中应该怎么样体现？

C. 引导农村骨干教师寻找解决问题的策略。针对问题，农村骨干教师可以从以下几方面寻找解决问题的策略。①描述问题的现象，分析问题；②回顾自身经验，反思自己是否遇到此类问题，自己是怎样解决的，有哪些经验和教训；③借鉴他人经验，从网络上或图书中收集有关解决此类问题的信息；④直接向有经验的农村骨干教师同伴请教；⑤认真研究有关理论对此类问题的阐述说明，在此基础上，经过思考和创新，做出问题的策略推测判断。

D. 实践运用。对寻找得到的问题策略在实践中加以尝试，在尝试中可以调整方法策略，例如识字教学，可以一改死记硬背的老办法，而借用韵语识字、注音识字、集中识字等各种策略，可以结合课堂去实践。

E. 反思策略。经过实践后的问题策略，要及时总结分析，看成功在什么地方，失误在什么地方，可以怎么样改进。修改后再进行新的一轮尝试。

F. 经验固化。把经过再次验证与反思提升的问题策略记录下来，形成文本，使经验得以固化。

【案例 7-3】

怎样读书才有效

问题：怎样读书才有效？

策略：读书评价单

学生在读完一本书之后，根据书中内容出一份试题，再答一份试题，并以此来评价学生读书的质量。

具体操作方法是：

1. 学生自己选择一本自己喜欢的书阅读，在阅读之后要出一份评价单——上面出五道选择题。出题要求：必须是书中的内容，不出难题，以只要是认真读了书的人都能回答上来为标准，并把答好的试题保存到答题者的档案夹中。

2. 下一位学生阅读此书时，要求回答此份试题，来评价自己的阅读质量。

风险与对策：

风险：学生出题质量低，过于偏，甚至出错。

对策：专门进行一次如何出题与答题的培训。

（沐川炭库小学　牟领）

（二）提炼教学模式

教学模式是指在一定教学思想或理论指导下，为设计和组织教学，集合多种资源，运用多种策略，在实践中建立起来的各种类型教学活动的基本结构或程序，并以简化的形式表现出来。

教学模式是一座桥，它一头连着理论，一头连着实践。教学模式既是教学理论的实践化，又是教学经验的系统概括。教学模式具有相对稳定的结构，由一些基本要素构成。一个成熟的教学模式一般包含以下四个基本要素：

1. 理论基础

理论基础是构成教学模式诸要素的核心和灵魂。它决定着教学模式的方向和独特性，它渗透在教学模式的其他各要素中，并制约着它们的关系，是其他诸要素赖以建立的依据和基础。如果教学模式没有先进教学理论指导，就只能永远在低层次徘徊。影响教学模式建构的理论基础很多，如影响数学教学模式建构的理论基础主要有数学观、数学学习理论、数学教学理论、不同的教学观等。

2. 教学目标

一种先进的教学模式其目标的制定应该是科学合理的、具体的、可测量的、便于操作的，而不是笼统的、抽象的。

3. 操作程序

成熟的教学模式都有一套相对稳定的操作程序，这是形成教学模式的本质特征之一。操作程序详细说明教学活动的每一个逻辑步骤，以及该步骤所要完成的任务。操作程序既是相对稳定的，又不是一成不变的。

4. 实施条件

任何教学模式都不是万能的，有的只能适合于某一种课型，有的适合于几种课型。教学模式还与师生之间的配合有关。教学模式的实施条件一般包括教师、学生、设备、教学内容、教学时空的组合等因素。在教学活动中，教师的教学水平、教学风格、学生的能力水平以及师生关系，是实施某一教学模式达到最佳教学效果的重要因素。

一些教师常常以"教无定法"来否定教学模式，认为实际教学中并非受到模式的控制，但事实上，每一个教师在长期的教学实践中，都有意无意地形成了一定的教学模式。在长期的教学实践活动中，随着教育理论研究与教学实践探索的深入，新的教学模式不断创造出来。

培训机构要引导农村骨干教师提炼自己的教学模式，探索多样化的教学模式，使农村骨干教师更加理性地认识自己的教学，追求更加有效的教学。模式提炼是农村骨干教师在教师生涯中对教学的实践归纳与突破，提炼并理性思考有效教学的模式，是要找到自己教学模式的优势，优化自己教学模式的各个环节。这种模式的提炼不是无目标的探索，而是要在归纳的基础上扬长，从而实现推陈出新。模式提炼需要对他人多样化教学模式的研究、借鉴、吸纳。有意识地吸纳别人的教学模式中的有益成分，融入自己的教学中，更加利于形成自己的有效教学模式。

基本流程：

确定案例、总结归纳—比照反思、完善模式—实践运用、反思改进—理论深化、固化模式

活动策略：

A. 引导农村骨干教师运用归纳法建构自己的教学模式，从自己成功的教学案例入手进行教学模式的提炼。先收集自己较成功的典型教学案例，把相似类型的教学案例归为一类；然后归纳其中的关键要素，如基本流程、运用策略、理论基础等，初步确定模式名称。

B. 寻找其他教师相似教学案例的模式结构与细节处理，吸收到自己的教学模式中，使自己的教学模式得到优化。教学模式的提炼不是简单教学经验的汇编。他人的成功教学经验对本人的启示在什么地方，可以借鉴的教学经验对本人的启示在什么地方，一定要基于农村学校实际，不可简单照搬。教学模式的形成是一个不断完善、发展的过程，需要遵循"从实践到理论再到实践"或者"从理论到实践再到理论最后回到实践"的不断升华，要从教学目标、教学结构程序、教学手段方法等方面完善教学模式的设计，把不利于农村学校课堂的因素去掉，把优秀的因素保留下来。

C. 在实践中运用归纳优化后的教学模式，让其在实践中得到验证，并对教学模式进行反思，边教边改，尤其是结构流程，教学模式的具体

策略、需用条件要不断优化。一种教学模式是否成功有效，唯一的标准是通过实践来检验。

D. 把教学模式进行理论升华，固化成文本。教学模式作为一种理论，它必须从感性经验层面上升到理性层面，在反复实践、基本成熟的基础上形成一个符合素质教育要求、学科特点、认知规律和心理发展规律，有一定特色的课堂教学结构模式框架，并形成文字材料。教学模式文本一般包括模式名称、建模理论依据、模式结构特点、典型案例、实验总结分析。

E. 把基本成熟的教学模式发布在培训主题网站的相关栏目，供不同学校的农村骨干教师借鉴、点评。

F. 把教学模式发布在培训中心主题网站的教学模式交流板块，小组团队成员互相交流。

农村骨干教师在大量实践的基础上，从自己的教学中总结出经验，概括出共性，对之规范化、系统化、程序化，就形成了教学模式。归纳教学模式的起点是教学经验，模式形成的过程是筛选和概括经验，个性教学模式的形成是有效教学经验的提升。农村骨干教师通过教学模式的提炼建构，为有效教学经验体系的形成奠定了基础。

（三）开展教育叙事研究

农村骨干教师在教育教学过程中有许多精彩经历，或许在适当的课堂上运用了一种教学方式，效果良好；或许在适当的情景下运用了一种教育方法，学生行为转变。这些经历中融入了方法、策略，其实就是教师的实践智慧。这些经历如果不及时记录整理，时间一长或许会遗忘。运用叙事的方式记录并反思这些故事，把一个一个的教育教学智慧故事串起来，就构成了教师鲜活的教育智慧人生；对这些故事进行有意识的积累、反思，就逐步丰富了骨干教师的教学经验体系。农村骨干教师把自己的经历转化为经验，丰富的经验就构成了自己深厚的教学底蕴。

基本环节：

记录故事—反思—实践运用—提升—网络交流

活动策略：

A. 随时记录教育教学活动中成功或失败的有感悟的故事，记录的故事描述要生动，语言要简洁。

B. 对记录的故事进行反思，分析其成功或失败的原因，提升为经验或解决难题的策略。

C. 把叙事故事的一些反思经验在实践中运用，再进行反思。

D. 按照内容的类别，把叙事的故事串起来。

E. 把叙事文章发布在培训 BBS 论坛上进行交流。

【案例 7－4】

无声胜有声

丁零丁零……铃声响起来，上课时间到了，我向教室走去，此刻的教室却像一个自由市场，此情此景不禁令我怒火中烧。

我该怎样去面对这些顽劣的学生呢？今天这种情况的出现，已不是一次两次了。我想，我必须改变一下自己的教育方式。思考片刻，我决定"以其人之道还治其人之身"。

拿定主意之后，我走进教室，站在讲台上一言不发，扫视全班。大约两分钟后，学生们逐渐醒悟，行为开始收敛；又过了 3 分钟，教室里安静了。值日生看着我这一反常态的样子，茫然地不知该不该叫"起立"。我不说话，看见教室后面有一张椅子，我就走过去坐下来。一分钟后，我又走到讲台上找东西；然后旁若无人地拿出手机开始打电话；接着，我叫学生去给我倒水喝；最后，我大声嚷嚷："哎呀，原来上课了，我今天讲什么呢？我还没备课呢？算了，算了，同学们自学吧，改天老师再讲！老师有事先走了，你们不许走……"说完后，我开始收拾东西，做出想走的样子。

我暗暗观察学生们的反应，发现同学们已经沉不住气了，有一个同学开始说："什么老师？迟到了，还不知讲什么？"又有同学说："上课还打手机。""下课时间未到，竟然要走，平时还教育我们呢！"一时间全教室骚动起来，议论纷纷。

听见同学们七嘴八舌地评论之后，我心想这一招还真灵……

过了一会儿，我招呼同学们安静下来，我不想也不能再说什么，我明白这时候，一切言语对于他们来说都是苍白乏力的，因为我已从同学们的讨论中明白了他们的心思，从他们的一颦一笑中感悟到了他们所受到的震撼。

后来，我在同学们的周记中读到了这样的几段话：

今天发生的事情，促我反省。我意识到：我们每个人总是会看到自己的优点，而看不到自己的缺点。老师今天的有意作为，像一面镜子，我看到了自己。我们不能只是要求别人，而不要求自己。我终于明白要别人尊重自己，自己必须首先尊重别人的道理。

老师，你巧妙地教育了我们，这是你的良苦用心。我一直以为这就是我们的天性、我们的个性，现在我知道我们错了，我为自己的作为感到难过，我非常内疚。老师请相信我，我会变好的，我们班一定会成为最好的班级！

通过这堂课，我明白了教育家叶圣陶所说的"教师之为教，不在全盘授予，而在相机诱导"这句话所包含的道理。在日常的学习生活中，相机点化学生，真有着"无声胜有声"的无穷妙趣。

（乐山一中　冯亚春）

三、推广有效经验

从个人成长的角度来看，骨干教师需要不断推广自己的学术成果，在推广中接受检验，在推广中提升自我，在推广中提升专业自信心。从骨干教师的使命来看，他们需要推广自己的有效教学经验。骨干教师的重要职责是示范和辐射，学术推广可以起到对周围教师的引领和带动作用。学术推广可以从以下几方面展开：（1）形成一个以上学科专题并在校级以上开设讲座，专题最好为自己的问题策略研究、模式探索、智慧挖掘的内容，做到案例为主的生动演讲。（2）积极上各级公开课、示范课。（3）主持校本研修活动，在主持校本研修活动中逐步完善自己的有效教学经验体系。（4）帮助青年教师成长。（5）结成同伴互助群体，在其中推广自己的个性经验。（6）建立网上博客，形成自己的网络学术交流圈。

基本环节：

专题讲座—公开课—主持校本研修活动—师徒结队—结成成长共同体—网上博客记录

活动策略：

A. 有意识地汇集自己的经验，形成教育教学观点，并系统化为专题。专题可以是对教育教学问题的探索，也可以是自己的个性教学模式，还可以是自己的智慧挖掘的感悟。专题讲座的内容一定要是自己的原创性经验和自己的体验，这样的演讲容易让人信服。要积极争取开讲座，利用各种场合去推广自己的经验，不断完善自我。

B. 公开课一定要按照自己对教育教学的理解，去展现自己教学模式探索的成果。

C. 开发并主持校本研修项目，如同课异构、问题研究等活动，通过开发主持校本研修活动，发挥骨干作用并提升自己的专业水平。

D. 与青年教师师徒结对，在帮助青年教师成长中提升自己。可以与青年教师一起学习、一起研究问题、诊断青年教师的课堂、帮助青年教师上公开课等。

E. 与周围有志于发展的教师结成发展同盟，在其中发挥领军作用，有意识地推广自己的研究成果。

F. 建立网络博客，通过博客推广自己的教育教学研究成果。

农村骨干教师借鉴有效经验、创造有效经验、推广有效经验的三种方式实际上是相辅相成的，借鉴他人的有效经验是为了更好地创造自己的有效经验，创造有效经验使推广经验有了可能，推广有效经验是为了检验并提升创造的有效经验。经验的创造与推广能给农村骨干教师带来极大的成就感与效能感，带来职业的幸福感，促使农村骨干教师更加努力地学习创造有效经验。因此，农村骨干教师能按照三种方式去深度研修，必定能突破自己成长的高原平台期，实现专业成长。

基于有效教学经验建构的骨干教师培训把学员作为发展主体，把实践经验作为教师成长的动力和源泉，通过引导他们主动地借鉴、创造和推广有效教学经验，使他们在情景中学习，在经历中习得，在实践中积淀有效教学经验，建构起具有个性的有效教学经验体系，逐步形成自己的教学风格，增强专业自信心，从而实现骨干教师的专业突破。

智慧需要智慧的启迪，
人格需要人格的魅力。

——袁振国

第八章　总结提升

——把成长进行到底

　　三年为一周期的农村骨干教师成长研修，只是农村骨干教师专业成长中的一段历程。通过研修，农村骨干教师吸取了新的教育理念，丰富了专业知识，提升了专业技能，激发了专业精神，构建了具有个性的教学模式，进行了问题策略研究，积累了有效的实践智慧。通过借鉴他人的经验，创造自己的经验和推广自己的经验，构建起自己的有效教学经验体系，初步形成了具有个性的教学风格。一个周期的成长研修即将结束，但并不意味着农村骨干教师成长的结束。农村骨干教师初步掌握了专业成长的方法，开始走向专业发展的自觉。

　　从农村骨干教师的自我成长来看，农村骨干教师的成长绝不是几天、几月、几年的事情，而是一个无限成长的过程。他们经过三年的成长研修，掌握了一定的成长方法，具备了相当的专业精神，其中的一部分佼佼者已经开始突破专业成长的高原期，在自觉建构有效教学经验体系中向成熟型、专家型名教师发展。

　　从政府部门对农村骨干教师的"选、培、管、用"一体化要求来看，农村骨干教师已经从选拔、培养进入一个新的阶段。此教育在不断的发展，农村骨干教师真要发挥示范辐射，还需要不断成长，要把成长进行到底。

从农村骨干教师的整体来看，他们新的成长需要得到鼓励与引领。因此，培训周期即将结束的时候，需要进行一次集中培训，对三年成长研修进行系统总结交流，提升研修成果，引领农村骨干教师把外控型研修转变为内省型、自主的成长研修，把成长进行到底。

活动基本环节：

自我提炼—专业引领—研修成果交流—考核评价—总结表彰

一、自我提炼

自我提炼实际上是引导骨干教师对三年研修过程进行反思、归纳、提炼、总结，形成理性化、文本化、声像化的成果，为集中的总结交流提升奠定基础。自我提炼是用思考引领教育行为，用写作提升思维含量。

具体操作中可以运用以下策略：

A. 在中期集中培训中提出要求，对总结提升阶段的自我提炼进行具体布置。

B. 要求农村骨干教师根据上一阶段深度研修要求，把构建的有效教学经验分门别类地汇编为研修成果作品集，并发布在培训专题网站的BBS论坛上，相互点评。

C. 填写农村骨干教师培训考核表，完善各项研修任务，学校和区县教育局进行审核评价。

D. 征集农村骨干教师个性课堂教学实录（光盘）评比，形成农村骨干教师培训资源库。

E. 准备一项10分钟以内"我的有效教学经验"发言稿，并制作成PPT。

F. 引导学员做专业成长的全面总结，反思专业成长中的亮点与问题，在教育论坛发表交流。

G. 学员根据研修培训要求填写优秀学员自荐表。

二、专业引领

一轮农村骨干教师培训的结束，应该成为农村骨干教师成长新的起点。今后的路怎么走，需要一次强有力的专业引领。总结提升阶段的专业引领应该着眼于引导农村骨干教师长期发展、可持续发展的价值取向。聘请知名专家设置专题讲座，强化农村骨干教师的专业使命感与成长方法，引领农村骨干教师向更高层次发展。该阶段讲座要精心设计，充分发挥激励作用。

【案例 8－1】

专家引领：将成长进行到底

骨干教师是在学习和实践中不断成长起来的。

要进一步提高骨干教师在思想政治与职业道德、学科专业与教育专业、教育技术与专业自主发展等方面的素质和能力，更好地发挥骨干教师在教育教学中的示范、辐射、指导作用。

机制："选、培、管、用"一体化，按 4% 的比例，全市选拔培养1000 人。

目标：培养一批省级骨干教师和本地知名、省内有影响的市级教育名师。

骨干教师是在培养培训的过程中成长起来的。

教育部、省教育厅要求：坚持多规格、多层次、多渠道、研培结合、周期培训的模式分级培养、分级管理。

培训内容："三新一德"（新理念、新课程、新技术、师德）。

培训形式：集中培训、"网联"远程培训、自主学习、研修成长（理论学习与教学实践反思相结合，教育教学与课题研究相结合）。

（学术研讨、参观学习、进修研修、送教帮教、教改科研）

骨干教师需要自我不断成长。

师德的不断提升——高尚品德、职业道德修养、思想政治觉悟不断提升。

教育理念的不断提升——理论修养、学术思想、教育专业思想不断提升。

学科专业技能的不断提升——课堂教学技能、特点、风格不断提升。

现代教育技术能力的不断提升——远程学习能力、现代教育教学能力的不断提升。

教育科研能力的不断提升——课题研究、总结反思、教研报告、学术论文水平的不断提升。

骨干教师的成长过程是无限期的。

通过三轮集中培训——只是成长的起步。

前期已有这种现象，集中培训时激动，回去的任务没有完成，会中断自己的成长。

工作回顾——成长策划、远程学习、汇报讲座、提炼教学模式、师徒结队、课题研究、自主学习、送课支教。

希望大家坚定信念、主动进取、超越自我、快乐成长。

下面的人物是我们学习的榜样：

李镇西：爱心教育、民主教育、平民教育——教育专家

叶俊芝：建立自己的目标，快乐成长——乡村走出的特级教师

林强：七进麻风村，帮助扶贫、助学——全国道德模范

按照成长策划确定的目标，把平凡的工作做好，让每一个细节都完美，你就能成功！

将成长进行到底！

（刘远胜）

三、研修成果交流

研修成果的交流应该成为农村骨干教师总结提升阶段最重要的内容。此项活动最好先分学科、分组进行交流，再全班进行交流。农村骨干教师先在组内用 PPT 介绍"我的有效教学经验"，推荐出小组代表参加全班交流。

基本流程：

分组交流—全班交流—专家点评

活动策略：

A. 按照学科组班、每学科分为 2～3 组，由组长主持，农村骨干教

师轮流展示自己的一项有效教学经验。每人的展示时间控制在 10 分钟以内，最后每组推选出一两名代表参加全班交流。

B. 小组代表的全班交流由学科专家主持。学科专家要对农村骨干教师的有效教学经验进行点评、归纳。

C. 为了激励学员交流发言的积极性，对参加全班交流的学员颁发荣誉证书。

四、考核评价

对农村骨干教师的考核，是总结提升阶段的必要内容，它包括考核鉴定、评选优秀学员和评选优秀课例。

培训机构要引导农村骨干教师填写培训考核表，指导所在学校对农村骨干教师进行考评，由培训机构核实后报教育行政部门，颁发市级骨干教师证书。

优秀学员的评选可以采用申报制度，先由培训机构公布评选标准，然后由学员自己申报，最后由专家根据考核标准评选。

【案例 8－2】

乐山市骨干教师培训优秀学员评选办法

为鼓励骨干教师积极参加学习，对表现优异的学员进行表彰，特制定本评选办法。

一、优秀学员评选标准

1. 按时完成各项作业。

2. 学习参与度高。（1）积极参与集中学习和在线研讨与学员之间的交流，每个专题均有一定数量的评论；（2）对他人文章的访问阅读次数较多。

3. 学习态度认真，进步明显，所发表的作业、文章或评论得到本班学员以及培训管理机构等有关专家的认可；文章或评论的被引用数、被推荐数、被他人点评数在本班居于前列。

4. 主动协助班主任、指导教师工作，积极参与编辑班级简报和班级组织的学习活动，能主动帮助他人，得到本班学员的广泛认可。

5. 积极进行岗位实践，教育教学取得优异成绩。

6. 发挥骨干教师的示范辐射作用，在市内外获得重大影响。

二、评选要求

1. 学员依据优秀学员标准自行申报。对确实优秀而没有申报的学员，班主任可以提名。

2. 班主任依据优秀学员标准进行评选。

3. 优秀学员名单报市教育局批准。

三、评选要求

优秀学员的评选由各培训班班主任主持，全体学员民主参与。每班优秀学员比例控制在20％以内。各班根据上述要求，结合本班具体情况组织实施，确保公平、公正、公开，在认真总结培训学习的基础上，做好优秀学员的评选工作，并让评选过程成为促进学员自我反思、自我总结、实现成长的重要环节。

五、总结表彰

召开结业典礼，对三年成长研修活动进行总结表彰。结业典礼的主要内容包括研修成果展示和总结表彰活动。一个好的结业典礼能对整个研修活动进行很好的概括展现，做到情景交融，能激发农村骨干教师产生荣誉感，能激发农村骨干教师在今后的工作实践中更好地成长。

基本流程：

培训者总结—优秀成果展示—学员代表发言—表彰奖励—领导讲话

活动策略：

A. 培训组织者的总结要把整个培训的基本情况、学员事迹、成长案例、亮点做法、存在的问题做一个全面的总结和述评，对农村骨干教师的成长提出希望。

B. 优秀成果的展示可以是学员的问题策略研究、个性教学模式、智慧故事，还可以是成长故事、研修方法。优秀研究成果的展示运用PPT，图文并茂，生动演讲。

C. 精选研修表现突出，对成长研修培训有理解的农村骨干教师作为学员代表发言，交流体会与收获。

D. 表彰是结业典礼的重要内容，可以由教育行政部门的领导颁发农村骨干教师成长研修的各项荣誉证书，如优秀学员荣誉证书、培训合格证书、论坛交流荣誉证书、优秀个性课堂荣誉证书。

E. 要精心设计培训结业典礼，可以把音乐和学员成果的视频穿插于结业典礼中，使结业典礼生动活泼。

第九章　保障措施

——成长研修的生命线

成长研修培训模式致力于农村骨干教师的专业自我发展、持续发展，培训过程把自主研修、远程研修与集中学习相结合，要把其中的自主研修、岗位研修、远程研修落到实处、坚持持久、取得效果是一件很不容易的事情。

一、成长研修的管理

农村骨干教师成长研修培训是一个周期长、多结构、多层次的复杂系统，要取得好的培训效果，管理显得十分重要。

（一）培训管理的重要性

农村骨干教师成长研修的管理是指培训组织者按照教师的成长规律，合理组织好各项研修活动，协调好各部门与各类人员之间的关系，以调动全体人员的积极性。

有效的管理可以起到导向的作用，能保证成长研修向既定的目标迈进；有效的管理能保证成长研修活动中的各项因素有机结合，高效能地发挥合力作用；有效的管理可起到调控的作用，能在研修活动中有效地协调人与人之间的关系，减少"内耗"。因此，管理是搞好成长研修培训的需要，是实现培训目标、保证培训质量的关键。

农村骨干教师成长研修有很强的个性，整个研修过程大多数时间分散在各个学校开展活动，可以说，成长研修充分体现了教师的个性研究活动。对这样的个体、个性研究，如果不加强管理，就会各行其是，就会成为一盘散沙，农村骨干教师的研修就不会持久。

成长研修培训模式有很强的教育功能，是实现教师专业化的必由之路。管理实质上也是一门隐形课程，管理也具有教育功能，通过对培训的规范管理能对教师进行教学常规训练和培养。

（二）培训管理的方式

1. 量化管理

量化管理又称为刚性管理。在成长研修中运用任务驱动的方式，规定具体任务和要求：如参加研修活动的时间、次数，读书活动的阅读量，撰写研究报告、教学反思、教育叙事的篇数、文字量。量化管理可以借鉴教学管理中的学分制管理方法。学分制管理的量的单位是学分，学分是有效教学时间的抽象。上述可以量化管理的项目都可以量化为学分，完成每一项活动并保证活动质量就可以记相应的学分。

2. 质的管理

质的管理又称为柔性管理。成长研修活动中农村骨干教师的心智活动占主导地位，能够外显且能够量化的不多，因此校本研修中大量采用质的管理，包括规划与计划、组织与实施、责任与分工、监督与评价、奖励与惩罚等。

3. 激励管理

农村骨干教师成长研修的顺利进行取决于很多因素，但从根本上说，取决于教师的能力和积极性。农村骨干教师作为学校的骨干，担任着很重的教学任务。参加成长研修培训，需要他们付出更多的心血。成长研修是一种心智劳动，需要教师具有积极性和主动精神。成长研修的成果不容易展现，或者不能立即展现，因此不是单靠行政命令可以奏效的，骨干教师的管理中需要运用激励策略。

（1）目标激励

通过设定成长研修目标来激励农村骨干教师的研究动机，指导他们的研修行为，使他们的个人行为与成长研修培训的目标挂钩，以调动他们的积极性。第一，为每一个阶段设置可完成的目标，激励教师把个人目标与研修目标靠拢，最大限度地发挥积极性和主动性。第二，通过成长研修目标的设定，增强农村骨干教师的风险意识与责任意识。第三，对照研修目标，及时对农村骨干教师的活动成果进行评估，兑现各种奖惩，激励他们下一个目标的完成。

（2）榜样激励

运用成长研修过程中突出的、典型的个人及其事迹对教师的校本研修活动进行激励。榜样可以通过遴选、评比来发现，更重要的是通过积极扶植、扩大宣传来培养，在各个阶段都评选出优秀学员。榜样的力量是无穷的，区域推进的骨干教师研修需要榜样来引领。

（3）氛围激励

创设成长研修的良好氛围，使参加研修的农村骨干教师受到感染和鼓舞。在集中培训中要运用多种手段进行成长研修模式的宣传动员，让农村骨干教师克服研修无用、成长研修难搞的观念，形成群体意识。

（4）信任激励

培训组织者用自己的信任、鼓励、尊重、支持、关怀的情感对教师进行激励。信任的形式有：人格信任，尊重农村骨干教师的人格，维护他们的尊严；工作信任，放手让农村骨干教师承担研修任务；成就信任，相信农村骨干教师能取得成就，对他们取得的成就，无论大小，都要及时发现，细心鼓励；朋友信任，培训组织者要与农村骨干教师建立朋友关系，彼此信任，建立友谊。

（5）情感激励

农村骨干教师成长研修要以情感为纽带，通过与农村骨干教师之间建立和谐融洽的情感关系来调动他们的积极性。具体表现为：加强沟通，消除误会；互相尊重，互相关心；为农村骨干教师排忧解难，做农村骨干教师的贴心人。

二、成长研修的保障措施

（一）政策制度保障

1. 政策保障

政策是行政部门制定的行动准则。政策对所辖公民有强制性，即大家必须遵守，违背政策就必须追究责任。

教育行政部门对农村骨干教师的决策是实施成长研修培训模式的行动纲领。教育行政部门在骨干教师队伍建设上一般都制定了"选、培、管、用"的原则，在具体策略上，教育行政部门应负以下责任：

（1）作出农村骨干教师培训规划，对农村骨干教师培训提出指导性意见。

（2）建立教育行政与学校一体化的农村骨干教师管理体制。

（3）负责对农村骨干教师培训进行监督与考核评估。

（4）负责为农村骨干教师提供经费保障。

2．制度保障

制度是培训组织机构内部制定的行为准则，农村骨干教师成长研修的相关人员必须遵守各项规章制度。这些制度主要有：

（1）农村骨干教师成长研修培训的规划、方案。

（2）农村骨干教师成长研修培训的职责分工，培训机构组织者、管理者、培训者各自承担任务。

（3）农村骨干教师成长研修培训的目标要求。

（4）农村骨干教师成长研修培训的评估检查制度。

（5）农村骨干教师成长研修培训的奖惩制度。

（二）物质条件保障

1．时间保障

成长研修主要是农村骨干教师在岗位上自我研修，但也要一定的专用时间。每年应该安排一定时间集中学习、合作研讨，平时应该有读书、反思、研究、讲学活动的时间保障。

2．经费保障

农村骨干教师成长研修把集中培训与分散研修相结合，实际上是一种经济的培训方式，但成长研修依然需要强有力的经费保障，集中培训的专业引领需要经费，教师阅读的书籍需要经费，购买远程培训资源需要经费。政府部门应尽可能提供充足的经费，不要让农村骨干教师自己承担培训经费。

3．网络保障

农村骨干教师成长研修把集中培训与分散研修、网络研修相结合，网络平台的运用伴随研修的过程。培训机构要建立教师教育网络平台，运用网络平台组织、激励、管理骨干教师的校本研修，使周期内培训有序、持续进行。同时，农村骨干教师也需要具备上网条件。这需要教育行政部门与学校的共同努力。

【案例 9-1】

乐山市骨干教师培训考核表

区、县＿＿＿＿＿＿＿＿　　　单位＿＿＿＿＿＿＿＿

姓名		性别		出生年月		参加工作时间	
专业技术职务		行政职务		社会兼职		参加何学术团体及所任职务	
骨干教师类别		学科		首次取得称号时间			

项目	内容							考核形式
教学工作	年学期	科目	班级	是否班主任	周课时	教学效果	兼课情况	教导主任签字查看每学期开课计划及课程表
教育教学研究	自学教育书目							查看自学笔记、发表原文、奖励证书、课题立项、结题报告、课题研究过程材料及研究成果
	教学模式探索（名称、研究进展）							
	微型课题研究（名称、研究进展）							
	教育科研课题和教学改革实验							
	编写教材、论著发表、经验总结、论文等情况	题目或书名	在何刊物发表或交流	发表或交流日期	本人承担的部分	交流认定单位		

续表

发挥示范辐射作用	教师培训讲座（中心发言）	时间	内容	级别、人数	成绩和效果	查看培训计划、培训讲义、受训者听课笔记，并记录参加人数
	公开课、示范课、送课支教	时间	内容	级别、人数	成绩和效果	查看公开课和送课支教证书、教案，并记录受益人数
	指导培养教师	时间	指导培养何校何人	内容与形式	成绩和效果	查看协议书、听课笔记、教案、获奖证书等
	参加培训项目	起止时间	培训内容	主办单位	培训结果	查看相关证书
接受培训情况	骨干教师远程培训	完成作业次数				查看全国教师继续教育网
		是否全部完成				
	乐山教师教育网交流	教育叙事文章	发表篇数			查看乐山教育网
			列举自己5篇以上题目			
			自己最受关注文章题目			
奖惩情况						

续表

教学模式介绍（附案例）	

续表

专业成长策划	
建议要求	
学校考核意见	教导主任签字：　　校长签字：　　单位盖章 年　月　日
县（市、区）教育局审核意见	县（市、区）教育局人事股（盖章） 年　月　日
市级师训部门复核意见	（盖章） 年　月　日
市教育局审定意见	（盖章） 年　月　日

主要参考文献

[1] 朱永新. 我的教育理想 ［M］. 南京：南京师范大学出版社，2000.

[2] 肖川. 教育的理想与信念 ［M］. 长沙：岳麓书社，2002.

[3] 王铁军. 名校长名教师成功与发展 ［M］. 南京：江苏人民出版社，2007.

[4] 郭东歧. 校本研修的实施与推进 ［M］. 西安：陕西师范大学出版社，2006.

[5] 谭仁杰. 做研究型教师 ［M］. 西安：陕西师范大学出版社，2006.

[6] 周小山，严先元. 农村教师专业发展导引 ［M］. 武汉：华中师范大学出版社. 2006.

[7] 曹胜利. 骨干教师队伍建设研究 ［M］. 沈阳：沈阳出版社，2000.

[8] 潘海燕，夏循藻. 骨干教师成长的秘诀 ［M］. 北京：中国轻工业出版社. 2007.

[9] 查有梁. 给教师的 20 把钥匙 ［M］. 成都：四川教育出版社，2007.

[10] 高双桂. 农村教师培训的理论与实践 ［M］. 北京：开明出版社，2005.

[11] 曹一鸣. 中国数学课堂教学模式及其发展研究 ［M］. 北京：

北京师范大学出版社，2007.

［12］余文森，连蓉. 教师专业发展［M］. 福州：福建教育出版社，2007.

［13］徐世贵. 回眸我的专业成长历程［M］. 哈尔滨：黑龙江人民出版社，2007.

［14］江晓雪. 建国以来我国骨干教师培训制度的演变与启示［J］. 当代教育科学，2008（14）.

［15］何世雄. 农村骨干教师培训的问题与对策［J］. 甘肃科技纵横，2007（1）.

［16］郭东岐. 对中小学骨干教师培训的认识和探索［J］. 辽宁教育学院学报，1999（11）.

［17］高旺蓉. 骨干教师成长的支持性因素——生态学分析［J］. 教育发展研究，2007（7）.

［18］吴振利，张金钟. 提高骨干教师培训实效：从"圈养"到"游牧"［J］. 黑龙江高教研究，2008（1）.

［19］李福新. 教师培训，一种生命的对话［N］. 中国教育报，2005-6-28.

［20］何小忠. 教师专业自我发展及其策略探析［J］. 中小学教师培训，2006（10）.

［21］顾泠沅，王洁. 教师在教育行动中成长——以课例为载体的教师教育模式研究［J］. 全球教育展望，2003（1）.

［22］王祖琴. 关于中小学骨干教师培训在岗研修的思考［J］. 江汉大学学报（社科版），2005（3）.

［23］周速. 骨干教师培训模式实践效果的调查与分析［J］. 辽宁教育，2005（5）.

［24］赵洁慧. 伙伴合作共同发展——上海教师继续教育的新模式［J］. 教育发展研究，2007（4）.

［25］彭亚春. 基于网络的教师培训策略探索［J］. 中小学教师培训，2007（4）.

［26］张运卉. 学习共同体：教师培训模式的理论与实践［J］. 中小学教师培训，2007（7）.

[27] 田慧生. 时代呼唤教育智慧及智慧型教师 [J]. 教育研究，2005（2）.

[28] 曾琦. 教师培训模式的现状分析及改革建议 [J]. 中国教育学刊，2000（5）.

后　记

　　本书是四川省教育厅人文社会科学重点研究基地——西华师范大学四川省教育发展研究中心立项资助课题"农村中小学骨干教师培训模式研究"（川教函［2007］503 CJF07084）的系列研究成果之一。在研究与成书过程中，四川省教育发展研究中心的杜学元教授、李化树研究员、吴吉惠副教授，四川省教育学会赵家骥副会长给予了具体指导。在课题研究和培训中我们有幸结识了四川省社会科学院查有梁教授。他不仅亲自参与了我们的农村骨干教师培训工作，而且在百忙之中通读了全书，对全书的体例和内容提出了中肯的意见，并亲自为之作序。

　　我们有幸参与了农村教师培训这项事业。几年来，在农村骨干教师培训的启动、培训模式的探索方面，得到了乐山市教育局刘建丹局长、邓一鹏副局长、张怀东科长、晁力加副科长、邹芸娥老师等领导的帮助、指导和支持。作为市教育行政领导，他们以战略的眼光和务实的作风，全面领导和实施了这一项目，使农村骨干教师培训达到了预期的目的。

　　几年来，我们在教师培训的实践中有所突破，有所创新，还因为我们有一支很好的培训团队。正是有了这个培训团队的不懈努力，才有了这本书的写作基础。这个培训团队的成员还有郭永祥、万新、张忻等老师。

　　我们要感谢参加培训的农村中小学骨干教师，是他们对教育的执著、对学习的渴望感染了我们。他们的一线经验成为我们宝贵的培训资源，他们的积极参与成为我们探索教师培训规律的基础，并在实践上为我们的探索做了很好的诠释。

　　本书的出版得到了四川教育出版社的大力支持。在本书中，我们参阅引用了国内外诸多专家学者的已有研究成果，这些成果为本书的编写增添了光彩。限于篇幅，无法一一列出，在此一并表示感谢。

　　限于我们知识和能力的局限，书中难免有错误之处，恳请广大教育同人多多指导和正谬，谨此致谢！

作　者

2009 年 8 月 13 日

写于四川乐山